次第に「真実の世界」つまり「真理」が分かるようになるものである。

そうは言っても、やさしいコトバで書いて、「真理」がうまく伝えられたら、こんな良いことはないだろう。だから「色々の本」が出回っているのが現状だ。この『神性を引き出すために』という本では、先ず人間には「無限の力」が隠されているという話が書いてある。「嘘をつけ」と思うかも知れないが、第1章にはその訳が書いてある。

つぎには「本当の豊かさ」とはお金を沢山貯めることではないよ、と言うことが書いてある。これはよくお金持ちが不幸になっているのを見ることがあるだろう。人は皆「神性」という「富」をもっている。「嘘をつけ」と言う人は、第2章を読まれるとよい。「賛成だ」と言う人も読まれるとすばらしい。

さらに第3章には、「自分が尊い命だ」という事が書いてある。「自分なんか、つまらないものだ」と思っている人は、どうしても「つまらないこと」をやりだして失敗する。人は自分のつけた値打ち通りのことをするからだ。人から物を貰っても、「つまらない物」と思うと、捨てるかもしれない。「大切な物」と思うと、丁寧に取り扱う。だから「尊い自分だ」と気が付くことがとても大切だ。

さて最後の第4章には「小さい善いことからはじめよう」と書いてある。易しい曲から練習しないと、名曲は弾きこなせないようなものだからである。

平成十五年八月二十日

谷口清超しるす

神性を引き出すために　目次

はしがき

I　無限力がある

Ⅱ　ほんとうの豊かさ

Ⅲ　たったひとりの尊い自分

Ⅳ　小さな善からはじめよう

I　無限力がある

1 失敗はない

影の世界

この世では、いろいろの失敗や成功がある。受験に失敗したとか、うまくマトに命中して、賞金にありついたとかという話もあるだろう。しかし本当の世界、つまり神様がおつくりになった世界では、全《すべ》てが完全円満であり、万事《ばんじ》ＯＫであるから、失敗はナイのである。

このことがよく分かったら、もうあなたは成功したのと同じことだ。何故《なぜ》なら、この世というのは現象界で、神の国（実相世界）*ばかりがあるのだから、この世という影の世界、うつしの世界は、ないのである。本物の〝影〟にすぎない。それ故《ゆえ》一見「失敗した」と見えていても、本当の失敗ではない。丁度《ちょうど》死んだように見えていても、本当は生きている——といった「芝居《しばい》の舞台《ぶたい》」のようなものと思えばよいのである。

よく芝居の仇討《あだう》ちの場面で、バッサリと斬殺《ざんさつ》される人がいるだろう。しかし彼らは、本当は死んだのではなく、芝居の幕がおりると、楽屋という控《ひか》え室で、のんびりと丼《どんぶり》めしをやすしを食って、雑談《ざつだん》をしている。それと同じくこの世では、色々の筋書《すじが》きが心で作られて、成功や失敗が現れるが、これらはみな劇場の舞台での出来事で、本物ではない。

だから何も心配して、クヨクヨする必要は全《まった》くない。落第《らくだい》したように見えても、それは勉強が足《た》らなかったからだし、来年又《また》よく勉強すれば、次は及第《きゅうだい》ということになる。次も又落第なら、その次の年も、又その次もあるではないか。そうした筋書きの続く中で、「色々のことを学ぶ」のだ。将棋《しょうぎ》の元名人の米長邦雄《よねながくにお》さんは、こう言っておられた。

中学生や高校生のころ、ずーっと弱いころは将棋の局面の先を読んでも、中々《なかなか》読めないものだ。この手がいいんじゃないかと思って答えを出しても、間違いだらけだ。それでもそういう〝誤読《ごどく》〟をやり、自分で結論を出して行くと、「それが唯一《ゆいいつ》の勉強だ」と言うので

ある。こうして失敗を繰り返しながら、上達して行って、プロの将棋が指せるようになる。だから結局、

「失敗は成功のもと」

という訳《わけ》だ。表面的に見ると失敗だが、それによって人は本当の世界、本当の生き方、生活法を学んで行く。こうして影の世界を、本物の世界に段々《だんだん》近づけて行くのである。

リンカーンの例

だから当然、この世の中では、失敗しなかった人など、一人もいない。どんな成功者や勝利者のように見えても、かつては色々と失敗を経験して、そこから学んで来た人たちばかりだ。例えば有名なアメリカの十六代大統領だったリンカーンは、若いころとても怒りっぽくて、反対者の非難《ひなん》にやっきになっていたそうだ。その悪口がわざわいして、弁護士をしているころ、シールズという政治家から決闘《けっとう》を申し込まれた。だがリンカーンは別に決闘は強くない。相手は強く、剣で闘《たたか》うことになった。仕方がないから、一番長くて太い剣

を選んで、いざ決闘するという本番で、友人たちが仲に入り、やっとのこと殺されずにすんだのだ。

この失敗から、彼は「悪口を言い、非難する」ことの愚《ぐ》をさとった。そこでなるべく相手の美点を見て、ほめることを学んだのである。だが一八六一年には南北戦争が始まった。これは奴隷《どれい》の解放を主張するリンカーンの北軍と、それに反対する南軍との戦いだ。最初は北軍が不利だったが、一八六三年一月一日にリンカーンが奴隷解放宣言を発布《はっぷ》して以来、北軍の方が次第《しだい》に有利になってきた。

こうして同年七月から、ゲティズバークで南北軍の大激戦が始まり、夜間リー将軍の率《ひき》いる南軍は大雨の中を退却《たいきゃく》しはじめた。やっとポトマック河畔《かはん》まで来た時、河が氾濫《はんらん》していてとても渡れそうにない。南軍は困りはてた。そこでリンカーンは、北軍に総攻撃を命じたのである。

ところが北軍の指揮官だったミード将軍は、この命令に反して、攻撃しないままグズグズと作戦会議ばかりしていた。それにはそれだけの理由があったのだろうが、勝利のチャンスを失ったのだ。その間に河の水が引いたので、南軍は無事に河を渡って退却したのであった。

リンカーンは怒りくるった。自分の命令を無視《むし》して、勝利のチャンスをのがしたからだ。そこでミード将軍に、手紙を書いた。これは有名な手紙で、中味はやはりミード将軍を非難する文章で、

「もう私はあなたの活躍に期待できない。私はとても苦しんでいる」

といった意味が書いてあった。

しかしこの手紙は、遂《つい》に配達されないまま、リンカーンの死後、彼の遺品《いひん》の中から発見された。つまり彼はやはり「相手を非難して叱《しか》りつける」ことの愚かさを悟っていたのであり、学んだ教訓《きょうくん》を守り通したのだった。

人生勉強

こうして南北戦争は一八六五年に終わり、この第二次アメリカ革命の成功をもとに、現在のような合衆国の〝自由経済制度〟が築《きず》かれて行ったのである。リンカーンは一八六一

年から一八六五年までアメリカ大統領をつとめたが、もともと正規《せいき》の学校教育などはほとんどうけておらず、独学で法律を学び、弁護士になった。だから皆さんも「学歴がない」などといって悲観してはいけない。昔と今とはちがうと言っても、根本は同じなのである。つまり「人生勉強はどこでも出来る」ということを知らなくてはならない。さらに人は〝失敗〟を通して大いに学ぶことが出来るし、それが「人生大学」の宿題でもあるということだ。

谷口雅春大聖師《たにぐちまさはるだいせいし》＊は、腹が立った時に手紙を書いてはいけないことを教えておられる。それはたとえ書いても、出してはいけないということで、怒りや非難の言葉は、相手に本当の反省を与えることにはならず、相手からは弁解の言葉を引き出すだけだからである。

しかし一方〝浄心行《じょうしんぎょう》＊〟を教えておられて、心の中のモヤモヤや、苦しみ、なやみを紙に書いて火にもやし、聖経《せいきょう》＊を読んで、全てを神に全托《ぜんたく》せよと示されている。何もリンカーンの真似《まね》をして、あとあとまでも「うらみ、悩み、苦しみの言葉」を〝遺品〟として残しておく必要はない。しかしリンカーンがこの手紙を残しておいたという小さな失敗も、実は後々までこの歴史が、多くの人々に何か大切な教訓を与えてくれる結果になったとも言えるであろう。

国家の内部分裂《ぶんれつ》の戦争や、国と国との大戦争のような大きな事件でなくても、人々には色々の失敗がある。しかしこの〝誤読〟によって、人々はみな上達して行くのだということを、よくかみしめる必要がある。

かつてN君という青年（当時の）が体験談をして、こんな話を聞かせてくれたことがあった。彼は若いころある女性がとても好きになった。仮《かり》にAさんとしておくと、N君はAさんも自分を好きになってほしいと希望して、しきりに神に祈ったのである。

「Aさんが、僕にほれてくれますように……」

N君は毎日祈ったが、Aさんは中々ほれてはくれないのだ。なやんでいるうちに、やっとN君の姉さんから生長の家のことを聞き、この祈りの「どうか何々してくれますように」というようなオネガイの祈りはだめだと気がついた。それは神様が一々《いちいち》誰かと誰かとが好きになるように、ウマイコト取りはからってくれるのではないからである。自分がAさんを好きでもいいが、Aさんの心をネジまげてNさんを好きにするということは、相手の人格の自由を奪《うば》うことになるからだ。

もしそういうネガイゴトの祈りが実現するものなら、Aさんを別のMさんが、

「僕にほれてくれますように……」

と祈りに祈ったら、一体どうなるだろう。Aさんは二人の青年にほれなくてはならないか？　しかしそんなことを神様が「よっしゃ、まかしとき」と引き受けて下さるだろうか。そんな神様がいるはずがない。それは人間様のいいかげんな迷いである。人は時々同情とか、義侠心《ぎきょうしん》によってそうするかも知れないが、実はそれが失敗することは一杯《いっぱい》ある。そこには〝迷い心〟が入っているからで、本人の心は本人の自由意志できめるのが「主人公」としての人間のあり方だからだ。その決定が、迷いでないような心になるためには、平素からの練習が必要である。

それは丁度、うまくピアノを弾《ひ》くためには、毎日の練習が必要であり、でたらめに弾いても、美しい音楽にならないようなものである。そうした心の調律《ちょうりつ》や訓練が「神想観《しんそうかん》」＊だ。だからこれをやらなくてはならない。N君もやっと神想観をやり出し、「自分にふさわしい女性」を祈りはじめたところ、姉さんからBさんという女性を紹介され、彼女と交際

して、めでたく結婚することになった。

するとこのBさんはとても素直《すなお》で明るい女性で、それまで生長の家を知らなかったのに、Nさんのすすめによってすぐ入信し、とてもたのしく調和した家庭を作り、よい子供に恵まれた。そうなって、はじめてNさんはAさんよりBさんの方がずっと自分に適した女性であったことを知り、Aさんへの昔の願いが失敗したのは、Bさんとの結婚という〝成功〟への道のりの一つだったと分かったのである。

そのままの心

昔の話をすると、私もかつて小学生のころ、一人の同級生から〝決闘〟を申し込まれたことがあった。その原因は私が彼の悪口を言ったか、彼をムシしたのかしたからだったようだ。くわしいことは忘れたが（前にも書いたように思うが）、学校の近くの田んぼの中で彼と一対一でけんかをした。私は素手《すで》で行ったが、彼は革バンドのようなものをかくし持っていたので、私は忽《たちま》ち打ち負かされてしまった。

そこで私はその頃から剣道を習いはじめた。私の父は荒地清介《あらちせいすけ》といって、裁判所の判事をしていたから、警察署で夜間行われていた剣道場に紹介してくれた。私は小さい頃から、自転車で警察道場に通ったものだ。何とかいう大きな剣道の先生が、とても深切《しんせつ》に教えてくれたので、かなり上達して級も上がった。スジがいいと言われ、ある対抗試合に選ばれて出場したが、試合ではメチャメチャに負けてしまった。

これはいつもの練習試合とちがって、「勝たねばならぬ」と思いつめたからだと、後では気がついたが、この「ねばならぬ」という固定観念は、失敗のもとである。生長の家では「ねばならぬを捨てよ」と教えているが、これは入学試験の時でも、入社試験の時でも、とても大切な「勝利への道」である。勿論《もちろん》、「勝たねばならぬ」でもなく、「負けてはならぬ」でもない。「そのままの心」でいることが大切だ。

『そのままの心を大切にすべし』

と「生長の家信徒行持要目《ぎょうじようもく》＊」の第二項に書いてある。だからこの心はとても大切だが、それにはやはり「神様に全ておまかせします」という信仰心が必要で、それを「神想観」によって練習するのだ。これをやらないで、〝なるようにしかならぬ、どうでもいいや〟と

いう無責任なデタラメ生活でよいというのではない。そこで同要目の第八項には、

『毎日一回は必ず神想観を実修して、心を光明化すべし』

と書かれている。これを守っていないと、脳ミソの中の理屈《りくつ》だけでは、何かに失敗するとすぐ「もうだめだ」と思ったり、今までやりかけた練習をやめたりする。しかしまだ当時の私は、生長の家のことを何も知らなかったから、やがて小学校を卒業して中学校（旧制）に入ると、剣道をやめてしまって、中学、高校と柔道をやり出した。ところがそれも中々上達しないうちに、胃の具合がよくなくなったというので、やめてしまったという失敗を繰り返したのだ。


しかしその失敗だらけの学生時代も、やがて大東亜《だいとうあ》戦争（太平洋戦争）がはじまり、学《がく》徒出陣《としゅつじん》の第一号として陸軍に召集され、戦地にはまだ行かないうちに肺結核という病名で陸軍病院に入院した。これも失敗の続きの〝総括《そうかつ》〟みたいなものだが、その入院した時、同室に入院していた上等兵が『生命《せいめい》の實相《じっそう》』*を熱心に読んでいるのを見た。あまり面白そうなので、借りて読んで、はじめて「神の子・人間」の生長の家の教えにふれ、心機一転《しんきいってん》、今までの唯物的《ゆいぶってき》な考え方から脱出することが出来るようになったのである。

今つくづく考えてみると、あの時、肺結核だと言われた時は「もうこれでこの世は終わりか」と思ったが、そうではなく、三年三ヵ月の療養所生活の後全快《ぜんかい》して、今のような活動が出来、多くの人々の幸福と永生《えいせい》の自覚《じかく》に関与《かんよ》する使命を与えられたのであるから、失敗ではなかった、いや失敗はナイのだと言うことが出来るだろうと思う。

＊実相世界＝神が創られたままの完全円満な世界。実在界。
＊谷口雅春大聖師＝生長の家創始者。昭和六十年、満九十一歳で昇天。主著に『生命の實相』（頭注版・全四十巻）聖経『甘露の法雨』等がある。（いずれも日本教文社刊）
＊浄心行＝過去に抱いた悪想念、悪感情を紙に書き出し、生長の家のお経『甘露の法雨』の読誦の中でその紙を焼却し、心を浄める行。
＊聖経＝『甘露の法雨』を始めとする生長の家のお経の総称。他に『天使の言葉』『続々甘露の法雨』『聖使命菩薩讃偈』などがある。（日本教文社刊）
＊神想観＝生長の家独得の座禅的瞑想法。詳しくは谷口清超著『神想観はすばらしい』、谷口雅春著『詳説 神想観』（いずれも日本教文社刊）を参照。
＊生長の家信徒行持要目＝生長の家信徒として日々実践すべき重要項目を八項目にわたって挙げたもの。『新版 菩薩は何を為すべきか』『新編 聖光録』（いずれも日本教文社刊）等に収録されている。
＊『生命の實相』＝生長の家創始者・谷口雅春著。頭注版・全四十巻、愛蔵版・全二十巻。昭和七年発刊以来、累計千九百万部を超え、無数の人々に生きる喜びと希望とを与え続けている。（日本教文社刊）

2 努力は楽しいよ

〝努力〟の声

むかし子供たちは、外へ出て泥だらけになって遊んだ。日がくれても、中々家に帰らなかった思い出がある。でも近ごろは、家の中でゲームに熱中する子供がふえたらしい。泥がなくなったせいか？　おかあさんたちが、バッチイと叱るからか。とにかく遊び方はいろいろ変わるが、熱中することはたしかだ。それは一所懸命になって〝努力〟するのだ。その〝努力〟を楽しんでやっている。「遊びに努力する」と言わないだけの話である。

ところがとかく〝努力〟を、勉強やレッスンの努力とばかり考えて、いやだなとか、苦しいなと思いながらやる〝変な人たち〟がふえてきた。これは〝努力〟の誤解であり、もしかすると〝努力〟君が怒っているかも知れないのである。

『ボクは楽しいものだよ、うれしいものだよ！』と。

そしてこの〝努力〟によって、才能がのびて行くし、健康にもなる。全ての力がつくのである。近ごろは日本でもスポーツが大はやりで、色いろな場所に大きな体育館やスポーツ・センターができた。そしてまた有名な力士さんや選手さんが大活躍をしている。イチローというと、政治家の小沢一郎さんよりも、野球の鈴木イチローさんのことだと思われるようだ。

しかしこの人気も、鈴木イチローさんが幼いころから努力したおかげである。努力して練習を積み重ねたから、実力が出たのだ。松井選手でもそうだ。人格的にも尊敬されだした。それもイヤイヤ努力したのではなく、楽しみながらやったに違いない。楽しくなくては、永続きしないからである。

たのしく遊ぶ

何でもそうだ。楽しくないと、面白くもない。面白くないと、力が出ない。力が出ないと面白くない。そして永続きがしないのである。というのは人間には本来〝無限力〟があるが、これは実相（本当の世界）の話であって、この現象界は、実相の一部が現れた影像《かげ》のようなものだ。しかもこの〝無限力〟を表現するのが、面白くて楽しいのである。

例えば子供でも、紙に絵を描いて（表現して）楽しんでいるが、そういう楽しみはどんな人にでもある。しかも楽しいと、いくらでも絵をかいて遊ぶだろう。この人生は、そうした「表現の楽しみ」のために、人間が仮に作った舞台のようなものだ。そこで一所懸命になって表現しようとする。だから「努力するのは楽しい」ということになるのである。

そして大いに楽しむためには、喜んで、力一杯やることだ。何をするのでも、努力してやることをケチッてはいけない。なるべく努力しないで上達しようなどと、虫のいいことを考えては失敗する。よく言うではないか。「ライオンでも、全力を出して兎をつかまえる」とか。「力のかぎり追いかけて（努力して）縞馬《しまうま》をつかまえる」――とかと。

だから人間も、幼い時から「努力する」ことを練習していると、内在の力がいくらでも出てきて、何もかも上達し、たのしくうれしい世界に遊ぶことができる。悟った人を「遊《ゆ》戯三昧《げざんまい》だ」などというが、人生全体が「遊び」のような楽しい世界になって、「神の子・人間」の実力を大いに現し出すのである。

大いなる力

ところで谷口雅春大聖師のお作りになった「生きた生命」という長い詩がある（『ひかりの語録』*より）。その冒頭にこう書かれている――

『名乗れ、境遇《きょうぐう》に屈従《くつじゅう》する卑怯者《ひきょうもの》は誰《たれ》だ。

誰《たれ》がわが生命を食べ物でこねあげた塊《かたまり》だと思っているのだ。

生命は蠟細工《ろうざいく》ではないぞ。

石膏細工《せっこうざいく》でもないんだぞ。

おれは旋風《せんぷう》だ。
颶風《ぐふう》だ。
渦巻《うずまき》だ。
おれは環境《かんきょう》を
徐々《じょじょ》にわが望みのままに
飴《あめ》のように
捻《ね》じまげる。
俺《おれ》は宇宙を造った大いなる力と一つの者だ。
おれは空中電気を雷《かみなり》に変じ、
太陽の光を七色《なないろ》の虹《にじ》に変じ、
真黒な土から燃えるような赤い花を咲かし、
火山を爆発《ばくはつ》さし、
あの不思議《ふしぎ》な星雲《せいうん》から、
太陽系を生んだところの大いなる力と一つの者だ。

環境《かんきょう》が何だ。
運命が何だ。
おれはおれの好きな時が来れば、
鰻《うなぎ》が石垣《いしがき》の間から脱《ぬ》け出すように、
どんな苦《くる》しい運命からでも脱《ぬ》け出すのだ。』
長詩だから、もっと続いているが、このような「大生命」の偉大な力が、人びとにかくされている。そしてこの力をどれだけ一杯現し出すかによって、立派な人生を、たのしく、明るく送ることが出来るのである。

しかしこのような「大生命」は、ただ肉体的な力として表現されるだけではなく、智慧《ちえ》や愛としてでも表現されるから、これらを大いに発揮するのも楽しいものである。例えば平成十三年十月三十一日の『読売新聞』に、米国カリフォルニア州に住んでおられる小島・カウガー・ひさ子さんという方のこんな投書がのっていた。昔は家の中でハエがよく飛び回ったので「ハエたたき」で追いかけて、叩いたものだが、
『ショッピングモールで友人と半日過ごして帰宅した娘が、「マミーにおみやげよ」と手渡

してくれたのは、ごく普通の「ハエたたき」だった。ただ、編み目の上部に直径一《センチ》ほどのいびつな穴が開いていた。「穴が開いちゃっているじゃない」とあきれ顔の私に、彼女は、「そこがいいのよ。すごく優しいの」という。

彼女の話では、このたった一つの穴があることで、ハエには最後にもう一度、生き延びるチャンスを与えること、人間には「もう一度チャンスを与えたのに、ごめんなさいね」という〝救い〟の意味があるのだとか。「こういう優しさって、うれしいじゃない」と娘はウキウキしている。

「虫けらのように」人の命が奪われる時代だからこそ、こんな小さな発案もうれしいように感じるのだろうか。ふと振り向くと、私が感動しているのをしり目に、例のハエたたきを構えて、さかんにハエを捜し回る娘がいた。』

虫にもチャンスあり

こんな「ハエたたき」一つにしても、そこに智慧と愛とが表現されているところがすばらしい。ユーモアがある。ユーモアやウイットも、人間の持つすぐれた能力だから、幼いころから〝この力〟を開発するのも楽しさを増すだろう。こうしてこの〝新兵器〟を使って力一杯ハエたたきをした娘さんも、きっと楽しかったにちがいない。

しかし一匹の虫でも殺すのはいやだという人もいるのだ。ある人は、部屋にゴキブリが出てきても、殺虫剤で殺すのがいやだから、彼（ゴキブリ氏）に話しかけて、「ここはあんたの出るにふさわしい所ではない。エサもないんだから、もうここに来てはいけないよ」と言い聞かせるのだそうだ。すると不思議に、それからは彼（ゴキブリ氏）は、出て来なくなる、というような話だった。

これもよい話で、愛を一杯出した人のことだが、果してどこまで有効かは、これから私も試してみようと思っている所だ。しかしこれは「心」の中の愛の問題だから、その愛がどれだけ大きいか、小さいかが関係してくるにちがいない。

田や畑の中の虫でも、草でも、稲でも麦でも、せい一杯の愛でもって聖経『甘露の法雨』*などを読んであげると、大いに感応してくれるという体験談もきいたことがある。

ツバメの家族

こうして努力して力を出すと、とても楽しくて、すてきな世界が現れてくる。人間のもっている愛もまた限りなく大きいから、小さな鳥やけものや、木や花にもどんどん愛をふりそそぐとよい。愛や智慧やいのちの力は、いくら出してもすこしも減らないで、かえってますますあふれ出るようになるものである。

平成十三年九月十七日の『毎日新聞』には、山口県下関市に住む白野進さんのこんな投書がのっていた。

『久々に妹の家を訪ねたらツバメが1羽、妹の指先に止まっていた。ヒナの時、何かに襲われ血まみれで落ちていたという。それを餌など試行錯誤を重ね、やっとここまで育てたとのことだ。

ツバメは保護鳥で飼育はできないのだが、野鳥の会にも「傷がなおるまで」と約束しているそうだ。ある程度、回復するとツバメをかごに入れて自転車に乗せ、「ここがあなたの世界よ」と外を見せる学習も行った。

やがてツバメが家の中を自在に飛べるようになったころのことだった。運のいいことに、どうして分かったのかツバメの家族らしい4羽が迎えにきて一緒に外界へ飛び立ったそうだ。

今、妹は自分の娘を嫁に出したように寂しそうにしているが、私はやっと人間が他の生物の命も大切にしはじめた一つの証《あか》しに思えた。

人は長い間、他の生き物を見下してきたが、人間も他の生き物も命に変わりはない。妹の行為もささやかだが、意識改革ではなかろうか。』

水着を買って

このように「愛」を力一杯出している姿を見ると、私たちの心は感動する。そして「よーし、私もそうしよう」と思う心がわいてくる。すると人生は必ず楽しくなり、さらに力がわき上がるのである。さらにもう一つ、平成十三年八月一日の『産経新聞』にのった「作文コンクール」の〝七月の大賞〟を紹介しよう。神奈川県厚木市の石川昭一さんの作文だ。

『四万十川のほとりに引っ越したとき、同級生に傘屋のかっちゃんがいました。かっちゃんは小さいとき、この橋本の家にもらわれてきたそうです。

六年生の夏、水泳大会があり、かっちゃんは女子二百メートルの選手に選ばれましたが、かっちゃんは町の子のような水着を持っていません。お母さんに「水着を買って」と頼みましたが、「高いから買えない。母ちゃんの縫ったもので大会に出なさい」と言われました。

父親も傘を張りながらその話を聞いていました。大会は七月の終わりでした。

八束小学校から先生、生徒四十人が参加、かっちゃんは昼過ぎの出番となり、一コースから順番に選手が紹介されました。一コースから六コースまで、みんな黒の水着を着けていました。

いよいよかっちゃんの紹介となり、八束の生徒はみんな下を向きました。かっちゃんの水着はほかの子と違い、お母さんの縫ったシミーズのようなものだったのです。

会場から笑い声がもれたとき、担任の福島先生が「何が恥ずかしい。橋本に声援を送れ！」と大声でどなりました。

生徒よりかっちゃんのほうがずぅーっと恥ずかしかったはずです。かっちゃんがスタート台に上がったそのとき、校庭の向こうから男の人が風呂敷（ふろしき）包みを右手に高く上げ、走ってきました。だれかが「かっちゃんの父さんだ！」と言いました。

「かつ子！　水着を買ってきたぞ！」

「かつ子！　水着を買ってきたぞ！」

かっちゃんにはその声は聞こえませんでした。

「ドーン」、ピストルの音、かっちゃんは町の子に負けるものかと必死に泳ぎました。結果は二位でしたが、プールから上がった、あのすがすがしいかっちゃんの笑顔は忘れません。

昭和二十六年夏、四万十川はゆったりと流れていました。』

この作文では、泳いだかっちゃんも、お父さんも、担任の先生も、皆で力一杯努力して、愛と力とを出し合って、楽しいレースをやったのである。

でも、お父さんの持ってきた水着は間に合わなかった。レースの途中で着かえるわけにも行かない。だから残念だったろうが、たとえ計画した〝第一の目的〟には達しなくても、決して悲観する必要はないのだ。

それどころか、間に合っても、間に合わなくても、人々の努力は、すばらしい結果を生んだのである。それと同じように、人びとが力一杯努力してなしとげた結果は、必ず善い報いとなって現れる。時によると、ずっと後になって、「かえってよかった」と思うようになるから面白い。だから受験した学校や学部に入れなかったような場合でも、力一杯努力して、しかも楽しみながら勉強すると、第二次、第三次の希望校へ入ったとしても、本人の将来にとって、ちょうど適当だったということになるものである。

これが「努力して楽しく力を出す」ことの成果であり、人生の面白さでもある。人の一生はまだまだいくらでも続く。この世が終っても、それでいのちがなくなるのではない。肉体はいのちの使う道具であり、「乗り物」のようなものだから、努力して訓練し、楽しく「神の子・人間」を信じた結果は、次の人生や、その後の人生で美事《みごと》にあらわれてくるものである。

＊『ひかりの語録』＝谷口雅春著。著者の詩と箴言を収め、真理のエッセンスを満載した書。（日本教文社刊）
＊『甘露の法雨』＝宇宙の真理が分かりやすい言葉で書かれている、生長の家のお経。詳しくは、谷口清超著「『甘露の法雨』をよもう」参照。（日本教文社刊）

3　今を生かそう

今とは何か

人はよく今は冬だとか、今は春だなどと言う。この今は、相当の期間がふくまれた今で、こんな使い方を誰でもするだろう。しかし、

「今すぐこれこれをやれ」

などと言われた場合、まあ少しぐらいどうでもいいや、と思ってノンビリしているうちに、チャンスを失ってしまうことがある。このような今は、短期間の今だ。どのくらい短いかというと、〝瞬間的〟というのでもないが、〝できるだけ早く〟といったような意味で

使われることが多い。

何しろ人は、瞬間的に物ごとをすることは難しい。例えばコップを持っていて、取り落し、今すぐそれを拾おうとすると、もう床に落ちてこわれていた、ということもある。もしその時、〝瞬間的に〟拾うことができたら、多分床に落ちないうちに拾えるかも知れない。

「うまく拾えた！　こわれなくてすんだよ」

というわけだが、心臓のドキドキは残っているかも知れない。このように同じ〝今〟でも、使い方に幅があるのが普通のコトバである。それはこの世の中が時間と空間の「四次元時空間《じくうかん》」から出来ていて、その中で起る現象をのべる言葉を使っているからだ。

しかし、現象界というこの四次元時空間は、本当にアル世界ではない。われわれが〝肉体〟という道具でとらえた（感覚した）だけの影像だから、本当にアル世界（実在界）を述べていないのである。例えば人が、

「神様を、今すぐ見せてくれ」

と言っても、神様は見えないのだ。今すぐでなくても、「この春のうちに見せて」といっ

ても、「夏まではネ」と頼んでも、そんな時間内に〝見る〟というわけにはいかない。というのは「神」や「仏」さま、そして「神の国」というような肉体感覚ではとらえられない世界は、いくら実在していても、五感六感で感覚されないからである。

だから「今見せて」も「あした見せて」も、不可能だということを知らなくてはならない。もし「今、神様を見た！」という人がいたとすると、その神様はニセモノで、「そんなようなモノが見えた」というだけのことだ。

「今《いま》・即《そく》久《く》遠《おん》」

そこで、このような時間・空間を超えた世界のことを「今」と書くことがある。これは時間の枠の中の今ではなく、「実在界」のことだ。だからこの「今」は、何月何日ということでもなく、今年とか来年といった今でもない。「今・即久遠」というコトバもある。時間・空間を超えた「絶対界」「実在界」ということだ。それはもう完全円満の「いのちの世界」であり、神の愛と智慧と力とが充ちあふれている世界だ。そこに「今すでにいる」のが、あなたであり、私であり、全ての人々なのである。

このことがよく分かると、人はどうしても今という〝この世の時間〟も大切にするようになる。何故なら、「今」がこの世に表現されると、今となって、私たちの実生活にとても役立つからである。たとえば平成十三年十二月七日の『産経新聞』（夕刊）に、上島嘉郎《かみじまよしろう》さんという人が、こんな記事を書いておられた。

『新田次郎の小説「聖職の碑」は長野県西駒ケ岳で修学登山中に遭難した生徒を守ろうとして落命する校長の姿が感動的な筆致でつづられている。その舞台のすぐ近くに生まれ育った私にとって、「聖職の碑」はごく身近な物語だった。

小学五年生のころ、級友の一人に悪ガキがいて、いつも何か悪さをしていた。ある日、校舎二階のトイレ掃除をしていたら、彼はまるで猿のように窓枠を伝って隣の教室に移った。級友にとっては普段どおりの〝やんちゃ〟だったが、たまたま階下の庭にいた校長に見つかった。

「こら！　危ないじゃないか、落ちたらどうする」

班長だった私は担任のA先生にその一件を報告した。「運悪く校長先生に見つかって」と口にしたら、「それは違う、運良くだよ。きょうは無事だったけど、見とがめられなかったら何の反省もしないまま、また同じことをしたかもしれない。そのとき落っこちないという保証は何もない。校長先生に見つかって注意されたのはそれを防ぐ意味で運の良いことだったんだよ」と諭された。

A先生が好きだった私は、先生がこの件で校長に叱責《しっせき》されるのがいやで、つい「運悪く」と言ってしまったのである。

「先生も校長先生に注意されるんでしょう」「担任だからな。先生の力が足りないんだからそれは仕方ない。でも、今日のことは運が良かったんだ。それを忘れたらだめだよ」（後略）』

この悪ガキ君が、校長先生に見つかって叱られた時、その今はとてもありがたいチャンスだった。その今をのがして、又あぶない事をしたら、今度は落っこちて、大怪我《おおけが》をしたかも知れない。これを「運悪く見つかった」というのは、たしかに間違いで、「運よく見つかった」と訂正して下さった担任の先生は、やはりありがたい先生だったと言えるだろう。

この世では、色いろの出来事が起るが、その今の教訓を生かすことが大切だ。この世の出来事は、必ず何か大切なことを教えていてくれるものである。そこでこの世の全ての出来事を「観世音菩薩のお働き」ともいう。それを「心の法則」ともいうと、「観世音菩薩を称《たた》うる祈り」（聖経『真理の吟唱』＊四三頁）の中には書いてある。例えば平成十四年一月六日の『毎日新聞』に、久留米市に住んでおられる塚原三男さんという方が、こんな投書を出しておられた。

今を生かす

『「子供が3人、川べりで泣いていますよ」。庭木の手入れをしていると家内が急を知らせてきました。

「ただ事ではない」と家内と現場に急行しました。小学校1年ぐらいの兄と、幼稚園児らしい双子の弟の3人でした。「どうしたの」と尋ねると「弟が川に靴を落としたの。ボクにも取れないの」と言います。

それを聞いて私たちは一安心。「よし、おじさんが取ってやるよ」と川底へ下りて取ってやりました。弟は「やったあ」と喜び、兄弟3人が声をそろえて「ありがとう」と言いました。

この言葉を聞いて思わず子供たちの頭をなでながら、川底に下りるのは危なかったけれど、正に「一隅を照らす」だと思った。私の心はほのぼのとした幸せな気分となっていました。この至福を作ってくれた子供たちに「ありがとう」と反対にお礼を言いたい気持ちでいっぱいでした。』

これは「今を生かした」好い例である。そして川に落した靴をひろってあげると、兄弟三人が「ありがとう」と喜んでくれた。これも今を生かしたお礼のコトバだが、そのお礼が又大人を喜ばせ、とても嬉しかったというたのしい投書だ。

このような「ありがとう」のコトバ一つでも、それが口から出るのと、出ないのとでは、大変な違いがある。心の中の思いも、コトバだが、そのよいコトバや感謝のコトバが、人々を喜ばせる。そして世の中に「神の栄光」をあらわすのである。

これも小さいころから「ありがとう」を言いつけていると、いくらでも出てくるが、変なコトバ、いやなコトバを出す練習ばかりしていると、今が生きてこないのである。さらに平成十三年十二月二十八日の『毎日新聞』には、埼玉県鷲宮町の嘉島美智子さんの、こんな投書ものっていた。

『高校生の娘と話をしていると、年代の差なのか、考えさせられる言葉がある。それは、何かにつけ口をついて出てくる「めんどうくさい」という言葉である。

休みの日は一日中パジャマのまま。理由は、着がえが「めんどうくさい」。何もかもめんどうくさくなって、今に生きていくこともめんどうくさくなったらどうするんだろうか？

そんな娘が、何を思ったのか、「料理を教えて」と言った。一緒に台所に立ち、ジャガイモの面とりをしたり、サトイモのぬめりをとったり、ホウレン草のアク抜きをしたり。料理はめんどうくさいことばかりだ。でもそうすることで、味は格段と良くなる。もちろん、パジャマでは料理できないから、部屋着に着替えているし、髪もきっちり結んでいる。

こうして、手をかけた料理を小バチに盛りつけ、温かいごはんと一緒に家族といただく。みんなに「おいしい」と言われ、娘も誇らしげだ。娘よ、このめんどうくさい幸福を大切にしてほしい。』

これは「めんどうくさい」のが本当は「ありがたいのだ」と分かった話で、これも彼女の「料理を教えて」といったコトバのおかげである。何か習いたい、向上したいという思いが彼女の心の中にあった。その思いを口に出したから、めんどくさい料理の有難さが分かったのである。家族が「おいしい」といって感謝してくれたことも、大きな力となったに違いない。

私の中の予言者

このようにして人々は世の中の全ての出来ごとから、何か大切なことを教えられて、生きていくのである。だから全ての出来事が「観世音菩薩のお働き」と言えるのだ。前にあげた「観世音菩薩を称うる祈り」の中には、さらに又こう書いてある。（四五—四六頁）

『（前略）予言者は遠くにあらず、山にあらず、街頭にあらず、今ここにあるのである。私自身の内にあるのである。自己の想念するところのものが外にあらわれ、自己の信ずるところのものが外界にあらわれ、自己の語るところのものが他者にあらわれるのである。想うこと、信ずること、語ることが予言となって、やがて実現する時期がくるのである。されば私たちは悪《あ》しき事、憎むべきこと、暗きこと、消極的なことを想ってはならない、信じてはならない、語ってはならないのである。(中略)』

「今ここにある」という予言者は、「私自身の内にある」と書かれている。だからこの「予言者」は、「今」という私の内にある心だ。心がその人の運命を作る予言者だというのである。例えば「私はバカだな」と思う、その心は本心の「心」ではなく、その時の心の中で作る筋書きである。例えば脚本家が舞台の上でやる芝居の筋をかく。するとその筋書きが芝居に上演されるようなものだ。

そのように、心のえがく思いが、今のこの人生にあらわれてくる。今すぐでなくても、すこしたつと必ず実現する。だから、いつもの心の思いが大切だよということであり、

「今すぐ、こうしよう」

と思うと、それが実現する。だから、

「今すぐ、勉強をはじめよう」

と思ったら、すぐやることだ。すると、必ずその思いが実現する。そしてやがてその結

果が現れてくるのだ。そこで、さらに続いてこう書かれている――

自分が主人公だ

『悪しき事、好ましからざる事があらわれた時には、外に原因を求める以上に、まず自己の心の中に、そのような〝心の模型〟があるにちがいないと自己反省するがよいのである。自分の心にある原因を消さないで、外界の火を消そうと思っても、一旦それは消えたように見えても、火元は自分自身にあるのだから、再びまた他の所から発火するのである。（後略）』

自分が自分の人生の主人公である。それは自分の心が自分の人生の筋書きを作るからだ。他人が作った筋書きではない。もしそうなら、自分は他人の奴隷だということになる。時々、「父母がこんな自分を生んだ」などという人がいる。これは、

「父母が主人公だ」

といっているようなものだ。これでは、自由も平等もないだろう。まるで昔の「奴隷制

度」時代のようではないか。

たとえ肉体の形や皮膚の色が父母と似ていても、それは肉体という〃道具〃が似た色や形だということである。それは同じ会社の同じ型の自動車を、自分も父母も使っているということだ。しかしその車のドライヴァーは父でもなく、母でもない。自分の心が今それを運転している。だから、父母が行く会社に、自分もまた行くとは限らない。父母が通った学校に、自分も入るとも限らない。同じ小型車を運転しても、それで貧しいというわけでもない。大型のピカピカの車を運転している〃変な大人〃も、沢山いる世の中だ。外見や流行にとらわれてはいけない。

それをきっと、必ず、間もなく、教えてくれるのが、今私の中に内在する「観世音菩薩」即《すなわ》ち「心の法則」なのである。

ただひたすら「今」を生き、「今」の本心を大切にして、いつも善いことをし、正しい愛と智慧とを、力一杯現し出して行こうではないか。

＊『真理の吟唱』＝谷口雅春著。霊感によって受けた真理の啓示を、朗読しやすいリズムをもった文体で書かれた〃真

理を唱える文章〃集。文中のページ数はすべて聖経版による。（日本教文社刊）

Ⅱ　ほんとうの豊かさ

1 富とは何だろう

法則の報い

人が「富《と》んでいる」とは、お金を沢山《たくさん》持っているとか、土地や家が広くて、自動車が何台もあることだと思うかも知れない。たしかにそんな人を「金持ち」とか「物持ち」という。けれどそんな人が、必ずしも幸福であるとは限らない。例えばひどい病気で苦しんでいたり、家族が仲がわるく、いつも独りぼっちで、話し相手もなく、友人もいないという「金持ち」さんもいるのである。

そうかと思うと、多くの人をだましてお金を集め、そのお金を悪いことに使っている人もいる。こんな「金持ち」は、いつ悪事がバレルかと思って、ビクビクして暮らすだろう。誰《だれ》かを恨《うら》んだり、憎《にく》んだりして、自分の財産にしがみついている人も、決して幸せではない。やがてその心が、ひどい病気を起したり、大怪我の原因となったりするからだ。

学生や生徒でも、誰かをいじめて金銀をまき上げたり、弱い者をいじめて奴隷《どれい》のようにコキ使ったりする人もいるようだが、彼らも決して幸福ではない。やがてその悪い行《おこな》いがバレルことによって、みじめになるからである。

何故《なぜ》バレルかというと、人生はそういう仕組みになっているからだ。つまり原因・結果の法則というのがあって、善《よ》いことをすれば、善い報《むく》いをうけるが、悪い事をすると、悪い報いが来る法則がある。沢山のお金を持っていても、そのお金をどう使うかによって、結果が全くちがって来る。ぜいたくな自動車を買い、それを乗り回して人をハネ飛ばしたのでは、よくないことをしたのだから、悪い結果を刈《か》り取る。つかまるのをのがれて、パトカーと競走しても、高速力でどこかにぶつかって、大怪我をしたり、死んだりするのである。

ところがそのお金を使って、何かを研究して、よいものを発明したり、発見したり、立《りつ》派《ぱ》な芸術品を作ったりすると、さらにお金が入って来るし、人々から感謝されたりして、幸せな一生を送るようになる。だから今目《いま》の前にあるお金よりも、本当の富はもっと先にある「かくれた善いむくい」だということが出来るのである。

小さな善い事を

では善い行いをするにはどうしたらよいのか。それは実に簡単だ。何故なら、あなたはもともと神の子であり、何が善か悪かを知っている。親からも教えられるし、先生からも教えられたはずだ。

「人に喜ばれることをしなさいよ」

「人にめいわくをかけないように」

とか何とか……。先日も私が歩いて家に帰っていると、途中の道に石段があって、その石段に四、五人の生徒が腰かけて、何やら食べながら話し込んでいた。石段に一杯《いっぱい》にひろがって腰かけて、向こうをむいて話しているから、こちら側から人が歩いて行っても全く気がつかない。これでは「人にめいわくをかける」ことになるが、彼らは自分たちの楽しみだけを考えているから、気がつかないのだ。

もし彼らが食べのこした弁当屑《くず》やカンカラをそこに置きっぱなしにして立ち去ったら、その屑の掃除を近所の人に押しつけて行ったことになるから、やはり人々に迷惑《めいわく》をかけることになる。「人に喜ばれる」ためには、少なくともそういうことをしないで、食べのこしたものを持って帰るか、どこかの屑箱の中に入れるかするのがよい。

これは何も難しい事ではなく、やろうと思えば三歳か四歳の子にもできることだ。それを中学・高校に行く生徒にできないはずはない。やればできるのに、カッコがわるいとか、友達がやらないからなどというのは、心がヒネクレているか、弱虫で、素直でないからだろう。こうして人々に迷惑を与えて、カッコよく生きようとしても、それは絶対にできないようになっている。この世の法則は、「善因《ぜんいん》・善果《ぜんか》」、「悪因《あくいん》・悪果《あっか》」であって、カッコヨイのが善果となるのではないからだ。人のマネをするクセをつけておくと、人が悪いことをしているから、自分もやろう……となって、やがてひどいいやな報いをうけることになる。ヒトマネをしてタバコを吸って、やがて肺をわるくしたり、タバコ依存症《いぞんしょう》で将来《しょうらい》沢山苦労する〝予約〟をするようなものだ。

しかし小さな善い事でも、善い事はどんどんやったら、必ず善い報いが来る。紙屑一つ拾うのでも、それを毎日やっていると、一月《ひとつき》の内にはずいぶん屑拾いが出来る。しかも〝練習〟をつむから、だんだん上手《じょうず》になり、面白くなる。さらに心が豊かになり、明るくなる。その逆にコッソリわるい事をやっていると、だんだん心が暗くなる。その練習の結果、やがて大きなわるい事をするのが、とても上手になるのである。

平成九年一月七日の『産経新聞』には、こんな投書がのっていた。

『
長井久美子　59
（愛媛県松山市）

冬休み中のある晴れた暖かい朝。

玄関わきのイチョウの落ち葉を掃き集めていた私の前を、紺のトレパン姿の中学生たちがにぎやかに通り過ぎる。どの生徒も笑顔がかわいい。

長身の男の子に「どこへ行っていたの？」と聞くと「児童公園の清掃に行ってました」とはきはきした口調で答えてくれた。マユが濃く目がきりっとした子である。

児童公園はわが家から遠くはない。散歩の帰りに立ち寄ることがある。ジュースの空き缶や紙くずを集めたのだろう。黒い大きなビニール袋を下げた女生徒がいた。竹製の熊手をかついだ男子もいる。

明るい列が去ったあと「この中学にいじめなどないだろうねえ」と夫に問いかけた。「そうあってほしいが…」と歯切れが悪い。中学生の学習塾を開いていたから、ある程度は内情を知っている。

いま見せてくれた笑顔を中学生たちが持ち続けてほしいと思った。

（主婦）』

小から大へ

ウソをつくのでも、最初のちょっとしたウソから、だんだん〝大ウソつき〟が生まれて来る。やがて会社を破産させるようなウソの塊《かたまり》ができ上がるのである。

もっとも、一ぺんウソをつくと、その後もそのウソをごまかすウソが続くから、ウソは小さいうちに、はやく訂正《ていせい》するとよい。本当のことを言いさえすれば、それが間違った行いなら、誰でもよい方法を教えてくれる。ゴマカス方法ではなく、正しいやり方を教えてくれる。こうして正義を行っていると、心がとても明るくなり、豊かになるのだ。それが本当の「富んだ人」の生活である。本当の富は「神の国」にある。物の世界は、影のようなものだから、これをいくら握《にぎ》りしめても、役に立たない。しかも「神の国」は、あなたの中にある。これは『甘露の法雨』の中にあるように、

『「汝《なんじ》らの内」即《すなわ》ち「自性《じしょう》」は神人《しんじん》なるが故《ゆえ》に

「汝らの内」にのみ神の国はあるなり。

外にこれを追い求むる者は夢を追いて走る者にして

永遠に神の国を得《う》る事能《あた》わず』

つまりあなたは（そして全《すべ》ての人は）本来神（神の子）であるから、あなたの内にのみ神の国はあるのだと説かれている。しかも神の国の豊かさは、あなたの中にある。これは物や金や土地や地位といったものではない。

「あなたの本質だ」

という教えである。

それ故、とにかく先ず明るい心になって、ありがたい事を見出そう。朝起きたら、「生きていた」ことに感謝しよう。ふとんやベッドに感謝して、「ありがとう、ごくろうさん」とでも言っておくとよい。空気を胸一杯吸って、空気さんありがとう。水を使ったら、水さん、ありがとうという。空気は地球上に一杯みちあふれて、しかもタダで吸えるのだ。それを作り出してくれるのが植物の呼吸作用だ。日光に当たると緑の葉から酸素を出してくれる。動物の出す炭酸ガスを吸って、又酸素を出す。

あなたが、水や空気や植物に感謝すれば、それがあなたの財産だ、富だ、いのちのもとだということが分かってくる。それに太陽の光があなたに無限のエネルギーを与えてくれる。それはみなあなたの富であり、また人々の富でもある。しかもあなたは、肉体を超《こ》えて生き続ける。肉体をあなた自身だと思いちがえてはならない。『甘露の法雨』には、肉体を繭《まゆ》にたとえてこうのべられている。

『人間の真性《しんせい》は先ず霊なる生命にして

心の糸を組み合せて肉体の繭を造り

その繭の中にわれと吾が霊を宿らせて、

はじめて霊《ことば》は肉体となるなり。
汝ら明かに知れ、繭は蚕に非ず、
然《しか》らば肉体は人間に非ずして、
人間の繭に過ぎざるなり。』
それ故肉体に少しぐらい欠点があったり、手や足が傷ついていても、あなたの能力はいくらでも伸ばせるのだ。あなたの富は無限である。才能や富は、目に見える形ではなく、もっとその奥にかくれている〝霊〟からわき出る力だからである。

全てが富だ

例えば平成九年五月十六日の『毎日新聞』には、片腕《かたうで》になった人が、ヨットで大西洋・太平洋単独横断をした話が、次のように紹介されていた。

『事故で片腕を失った大阪府堺市の元漁船員、米子昭男さん（49）が、小型ヨットでフランスから大西洋、太平洋を経《へ》て大阪府岬町《みさきちょう》の淡輪港《たんのわこう》への単独横断に成功した。通関などを終え15日上陸したが、約2年、3万キロに及ぶ大航海。ハンディを持つ日本人の太平洋、大西洋横断は例がないという。

米子さんは愛媛県保内町《ほないちょう》出身。17歳で遠洋漁船の乗組員に。23歳の時、操業中にウインチに左手首を巻き込み、肩から先も失い、船を下りた。

しかし、ヨットでの冒険が「自分への挑戦」と、ビル清掃などでためた約600万円をつぎこみ、仏で「EMU（エミュ）」号（全長7・65メートル）を新造し、1995年6月15日、仏西部のラロシェル港を出港した。

パナマ運河を経て、ガラパゴス諸島、タヒチ、フィジーなどに寄港。ロープや帆の操作は、右腕と足をフルに使うなどして荒波をしのいだ。今月12日に淡輪ヨットハーバーに入港した。15日記者会見した米子さんは「一番大変だったのは大西洋の悪天候。無事に帰れて満足しています」と日焼けした顔で語った。』

こうして勇気のある人は、すばらしい能力を発揮《はっき》する。大きな仕事をなしとげる。これは肉体を超えた、心の「富」の力である。たといそれが実生活でのお金になって貯蓄《ちょちく》されなくてもよい。こういう人にとっては、太平洋や大西洋が財産なのだ。そしてこうした行いは、多くの人々に限りない勇気を与えてくれるのである。

この「勇気」こそ「富」である。それは智慧や愛と同じ富なのである。神の国はドル制度でもなく、円制度でもない。だからよく神に祈って、

「神様、〇〇〇万円与えられまして、有難うございます」

といっても、必ずしも〇〇〇万円が出るわけでもない。それよりも、つねに神の国の円満完全と、父や母や、国や兄弟姉妹、そして友人たちのすばらしさを心に描きみつめる「神想観」をやっていることが貴いのである。

すると、小さい善も、大きい善も、中くらいの善でも、何でも自然にできるようになり、明るくゆたかで、幸福な未来が作られるのだ。それがあなたの今の一生の間に、どんな形で現れてくるか、又は次の一生に出てくるか、さらに又その次に出てくるかは分からない。分からないけれども必ず出てくる。分からないけれども、「富」はそういう形でたくわえられて行くのであり、分からないことが沢山あるのも、楽しいものである。

あなたは、映画の筋がどうなるか分からなくても、映画を見たいと思うだろう。筋が分かっているよりも、何だかたのしそうだ、面白そうだと思って見に行くに違いない。人生

も、大きな大きな映画館だ。しかも普通よりも次元の高い、味も、においも、感覚を全て総動員して味わう舞台だと知ることがとても大切である。こんな豊かな人生を、全ての人が送っているのである。

2 自由と平等

真性の人間

人は誰でも「自由」でありたいと思い、「平等」を求めている。昔はどの国でも何らかの不自由な制約があって、今のような自由な状態ではなかった。例えば江戸時代には、お寺に入門（弟子入り）しようと思っても、武士階級でないとダメだったころもある。キリスト教を信仰しようとしても、キリシタン禁制といった時代もあって、信仰すら自由ではなかった。現代でも信仰が自由にできる国など、あまり多くはなくて、何となく異教徒は圧迫されたりする国が多いのだ。

あるいは学校へ入りたいと思っても、私立学校は別として公立学校では、県や市町村での地区の制限もあるだろう。もっとも入学試験のある学校では、試験に合格しなければダメだが、これは実力さえ出せば、誰でも入れるから「自由」のはしくれに加えてもよい。しかし本当の「自由」と「平等」とは、この現象界である物質世界にはないのであって、「神の国」と言われる「実在界」（実相世界）にだけあるものだ。

このことは肉体人間がいつまでも生き続ける「自由」はないし、男と女との肉体は「平等」というわけではないことを考えたら分かるだろう。皆が同じ肉体を持っていたら、だれがA君だかB君だかCさんかDさんかも分からなくなるから〝平等ではない〟のである。

肉体人間が「自由」でもないことも明らかで、どうしても何日かたつと空腹でたまらなくなるし、何時間かたつと眠くなる。例えば面白くもない話を長ながと聞かされると、眠くなるのはよく経験するところだ。試験勉強でも、夜がふけるとどうしても眠くなって、〝おきているという自由〟がないこともあるに違いない。つまり肉体は「不自由」なのである。男が女に変わることもできないし、女が男になるわけにもいかない。背の高さも、あまり自由自在というわけでもないのである。しかも人間は誰でも「自由」を求め、「平等」

を求めている。それは何故かというと、『真性の人間』と『甘露の法雨』（人間の項）に書かれている「神の子・人間」「神人」即ち「実相人間」は、自由であり平等であるから、その本物の人間を全ての人びとは、何となく知っている。だから、いつとはなしにそれを求めるから——という外はない。

歩くマナー

ところで平成十四年十一月五日の『読売新聞』には、埼玉県上尾市の中学生、栗栖武久君（13）の、次のような投書がのせられていた。

『全国で初めて歩きたばこなどを罰則付きで禁止する、東京都千代田区の「路上喫煙禁止条例」が先月から施行された。でも喫煙者のマナーの悪さはその区域だけに限ったことではない。実際、私は近所を歩いていて、嫌な光景を目にした。

たばこを吸いながら歩いている男性の後方を、母親に手を引かれた五歳くらいの女の子が歩いていた。男性が落とした、たばこの灰が風に舞い、その灰で女の子はこめかみのところに軽いやけどを負ってしまった。

母親は「危ないじゃないですか」と言って、男性を呼び止めたが、男性は「そっちがボーッと歩いているから悪いんだろ」と逆にどなったのである。男性はぶつぶつ言いながら立ち去り、親子は路上でオロオロしていた。

喫煙者のすべてがこの男性のようにマナーが悪いわけではないだろう。でも歩きたばこがいかに周囲の人を不安にさせているかということは、もっと多くの人に考えてもらいたい。基本的なマナーを法で取り締まらなければならないのは、どこか寂しい気がする。』

このごろ私も自宅から原宿の通りを歩いて本部*まで通うとき、前を歩いて行く人のたばこの煙で、いやな思いをすることがある。ことに青年男女にも、歩きながら吸う人が多くなったようだ。彼らの後を歩くと、どうしても吐き出す煙を吸うことになる。渋谷のこのあたりは〝歩行者禁煙〟となっていないから、〝自由〟に歩きながら吸う。しかも彼らと同じ速度で歩くと、ずっと吸わされるので困るから、追い抜くか、遅れるかするが、年齢が加わると〝遅れる〟方が多くなる。

せめて歩行中ぐらいは吸わないようなマナーがあるとよいのだが、〝自由〟を勝手気侭《きまま》と

思い違いしているから、この投書者のような光景に出あうこともあるだろう。曲芸的な自転車の追い越しでも、ヒヤリとしながら、

「ボヤボヤするな」

と叱られたのではたまらない。たちまち「不自由」で「不平等」な社会となるから、都や市の条例で、「路上喫煙禁止条例」が出されるのは当り前である。それは「不自由」の強制ではなく、より多くの人びとの「より自由」な呼吸と危険防止のためだ。さらに若い女性が、必要もなく喫煙をするのは、〝スマートにやせたい〟と思うからかも知れないが、その代りにニコチンの毒で健康な身体を傷つけていると、成長した後の発病の可能性を増やしているのである。

人は本来「自由」で「平等」であることを欲するから、うるさい規制はなるべくしない方が望ましい。しかしとかく他人のことを思いやらず、自分勝手なことを行い、道路や自然界をよごす人が多いから、〝社会正義〟のためには禁止事項もありうるのだ。

姉と妹

さて平成十四年十一月三日には、例年のように総本山*で行われた「全国青年練成会*」に参加し、次のような体験談を拝聴した。北海道の札幌市にお住まいのS・M子さん（匿名希望）で、昭和四十五年八月生まれの人だ。彼女は小学校六年生のとき「生長の家」に触れたというから、幸せな人である。私は二十歳を過ぎてから、やっと「生長の家」の存在を知り『生命の實相』を読んだのだから、小学生のころから知っていたら、どんなすばらしい人生コースが展開して来ただろうか――

M子さんには二歳年下の妹さんがいたが、妹さんは生まれた時から病気を繰り返し、脳炎などにもかかり、それが治った後、M子さんが短大二年生の時には、脳腫瘍にもなったという。彼女が脳炎にかかった時、お母さんは「生長の家」のことを思い出した。そして母は熱心に本を読み、輪読会にも参加し、神想観を行い、先祖供養などを続けられた。そのおかげで妹さんは脳炎からは回復したのである。

そのような事情もあり、M子さんの家庭は病弱だった妹を中心とした家庭で、何よりも病弱な妹を大事にして暮らす毎日だった。そのため両親の愛情は妹に偏《かたよ》り、M子さんは親の愛をほとんど感ずることなく成長したのである。それはM子さんの思い込みかも知れないが、このような状態になると、とかく問題が起りやすい。というのは全ての人びとの心に持っている「平等」を求める思いが傷つけられるからである。Sさんの一家では何かがあると、M子さんはすぐ、

「お姉ちゃんでしょう。我慢しなさい！」

と言われた。男の子だったら、「お兄ちゃんでしょう、我慢しなさい」ときめつけられるところだ。するとどうしても「不平等」を感ぜざるを得ないから、親に対する反抗心がわき上がる。M子さんも、小学校のテストで、八十点を取って家に帰っても、

「何で八十点なの？　こんな簡単な所を間違って！」

と叱られることが多く、一方妹さんは五十点でも、

「よくやったね。頑張ったね」

と、やさしく誉められていた。さらに又、M子さんが風邪を引いて寝ていると、

「まったく、カゼなんか引いて……」

と怒られるのに、妹がカゼを引くと、

「何が食べたいの？　アイスは？　おかゆは？」

と、やさしく言葉をかける。これを聞くとM子さんは風邪を引いても親には言わず、薬も飲まず、サッサとベッドに入って、寝て治すようになっていった。薬などにたよるよりは、この方がむしろよい治療法だが、心の中がムシャクシャしているから、その反抗心や嫉妬心が自然治癒力を阻害し勝ちだ。こうして母が折角「生長の家」をやりだされたにも拘《かかわ》らず、

「親に感謝しない、あなたが悪い。生長の家の本を読みなさい！」

とウルサク言われるようになり、次第にM子さんの心の中には親に対する恨みや憎しみの念がふくらんで来たのだった。

自殺したい

ところがM子さんの学校での成績は、普通より上で、部活もよくやっていたが、限られた友達以外の人からは悪口を言われ、いじめにもあった。このようなことは「親に感謝していない」生徒によく起る現象で、どことなく〝恨み、憎み〟の雰囲気がただようものだから、その心にふさわしい運命を引き寄せるのだ。

しかし彼女は学校でのいじめの件を親には言えなかった。だから家にいても、学校にいても、いつも辛い思いをしていた。そして遂に「死にたい、自殺したい」と思い出し、ある時は手に包丁を持って、何時間も考え込んだこともある。しかし妹の将来を考えたりして、どうしても自殺できずに我慢した。

だいたい自殺するのはよくないことで、これは自分自身に対する〝殺人〟だ。すべて人を殺すということは、自他を問わず、大きな悪業《あくごう》を積むことになる。近ごろはあまりはやらなくなったが、「心中《しんじゅう》する」といって二人が同情し合って死ぬのも、やはり悪業となる。

だからこの世で一緒になれないなら、あの世で夫婦になろうなどと思って死んでも、夫婦になれるものではない。同性同士でも同じことだ。「夫婦は二世、親子は一世」などと言われたことから、そんな間違った考えになったのかも知れないが、もし本当に「夫婦が二世」であるなら、今生の世界が二世目の夫婦であることもある。だからつまらぬ考えで尊い人間のいのちを殺すものではないのである。

M子さんの場合、表面では普通らしく振舞っていたが、心の中は不安で淋しい毎日だった。「親が望むような自分にならなければ、私は捨てられる。お父さんもお母さんも、私の気持ちを分かってくれない。誰にも愛されていないのだ」といった孤独感で一杯だった。

そして高校から短大へと進むごとに、周りの人たちからは「笑顔がいいね」と言われたが、外面と内面とのギャップが次第に大きく広がり、友達といても、どこかへ遊びに行っても、心の中は満たされないまま、「一体私は何のために生きているのだろう」と思い、つらい毎日をすごしていた。

ところが勤めに出てから一年ほどたったころ、会社での人間関係で悩みだした。そして彼女は「私の悩みは職場の人間関係のように見えるけれど、本当はちがう。昔から感じていた悩みを解決しなければ、私はどこへ行っても同じことの繰り返しだ」と思い、やっと「生長の家」に気がつき、平成四年の十二月になって札幌の教化部*で行われた一般練成会に参加した。

するとその練成会では、ただ悲しくて涙が出るばかりだったが、とにかく一年間だけ、自分の考えや受けとめ方を、「生長の家」の考えに変えてみよう。その考え方で生活をしてみて、それでもまだこの悩みが解決しなかったら、その時こそ、もう死んでしまおうと心を決めたのであった。

人生学校の訓練

この「一年だけ」という期限は少し短すぎるかも知れないが、たとい一年でもやってみると、そのうち心は変わってくるものだ。少なくとも「死んでしまおう」と思う心は変わるだろう。この〝人生学校〟とはそうしたものだ。そして一年で足らなければ二年でも、さらに二年で足らねば、三年、四年とのばす決心も出来るものである。

そこでそれからのM子さんの生活は、会社からもどると夜半まで真剣に「生長の家」の普及誌*を読み、神想観をし、聖経読誦を行った。練成会で習った「浄心行」や「和解の祈り」なども色いろと実行した。しかしやればやるだけ、どんどん辛くなる。そして「このままではもうダメになる。もっと本当のことが知りたい」と思い、平成五年の七月には会社をやめ、八月から宇治別格本山*での一般練成会を受けに行った。

するとこの練成会で彼女は救われたのだ。榎本恵吾講師がニコニコ顔で、「神様の世界には創造《つく》り損ないはないのです。人間は悦びから生まれた悦びそのものである。だからはじめから悦んでいいんですよ」とおっしゃった。その言葉を聞いた瞬間、M子さんのお腹の底から、〝悦び〟が湧き上がってきた。

これは今まで感じたことのない〝悦び〟だ。彼女は嬉しくて嬉しくて、涙がとまらないまま、

「これは私の魂が悦んでいるんだ」

と強く思った。さらに榎本講師が、

「何かをしてから〝神の子〟になるのではないのです。外から何かをつけ加えて〝神の子〟

になるのではない。罪（包み）は本来ナイのである！　皆さん、よかったですね」

　と言われた。そのとき彼女の今まで永年抱いていた〝罪悪感〟や〝孤独感〟や〝不安〟が消えた。彼女は「自分が神の子」ということがやっと判った気がした。そして「今まで生きて来てよかった」と思うことができた。さらにその喜びを伝えたくなり、すぐ家に電話して、母に対して「生んで下さってありがとう」と伝えることができたのである。そして又、

「私の生命は、神そのものと同じなのだ。全てが善一元、光一元の世界であり、いつもご先祖さまが導いていて下さり、見守っていて下さったのだ……」

　と気付き、全ての物と事と人に感謝する思いで練成会から帰宅し、その後は生長の家の青年会員*となって活動を続けるようになった。現在彼女は光明実践委員*としても活躍し、アルミ建築関係の会社に勤めておられるという話であった。

　このように兄弟姉妹でも、「不平等」に取り扱われたという印象は、大きな心のしこりとなり、悩み苦しみの因となるものである。それは人間本具の「自由」と「平等」とが傷つけられたと感ずるからであり、「真性の人間」なるものは傷つけられていないにも拘らず、

現象の姿にとらえられて、そのように錯覚するのだ。

それ故、日常生活の愛の表現も、本質的には平等であり、しかも相手に対して「人・事・処」の三相応を得て、〝大法〟ともいうべき〝秩序〟に従うという真の「自由」を、そのまゝの心で表現しなければならないのだと言える。まさにこの「人生学校」は、その楽しい訓練のためにあるのだと言うことができるのである。

＊本部＝東京都渋谷区神宮前一―二三―三〇にある生長の家本部会館。
＊総本山＝長崎県西彼杵郡西彼町喰場郷一五六七にある生長の家総本山。各種の宗教行事が行われている。
＊全国青年練成会＝生長の家総裁、谷口清超先生ご指導のもと、総本山で青年を対象として開かれる、「生長の家全国青年練成会」のこと。練成会とは、合宿して生長の家の教えを学び、実践する集い。
＊教化部＝生長の家の地方に於ける布教、伝道の拠点。
＊普及誌＝生長の家の月刊誌。「白鳩」「光の泉」「理想世界」「理想世界ジュニア版」の四誌がある。
＊宇治別格本山＝京都府宇治市宇治塔の川三二にある生長の家宇治別格本山。
＊青年会＝十二歳以上四十歳未満の男女を対象とし、生長の家の真理を学び実践する会。
＊光明実践委員＝生長の家の教えを自らの居住地域で伝える、一定の資格を持った、ボランティアの講師。

3　超次元の世界がある

遺伝子の作用

最近は「遺伝子」の研究が進み、その操作によってクローン羊やクローン牛が生産されるようになった。植物の遺伝子操作はかなり以前から行われ、これは問題が少ないが、それでもトウモロコシに異状が出ることがあるらしい。ことにクローン牛（成体細胞による）の異常出産が多発するとか、妊娠率が低下して、採算がとれなくなるなどの問題が発生したという。平成十一年七月三十日の『読売新聞』にはこう記されていた。

『（前略）農水省によると、国内では現在、十八道県の畜産試験場など約三十の研究機関が体細胞を使ったクローン牛を生産、これまでに五十七頭が誕生している。

しかし、生まれた牛の約30％は死産だったり産後すぐに死んだりする異常産。普通の牛の異常産は「おおむね全体の５％」（仮屋堯由・農水省畜産試験場繁殖部長）といわれており、体細胞クローン牛の異常産はその六倍にもなる。

妊娠率が低いことも分かってきた。使用する体細胞によっても異なるが、代理母牛の子宮に植えつけられた核移植卵が妊娠に発展する確率は平均25％にも満たないという。現在、畜産現場で一般的に行われている人工授精の成功率は50％を超えており、その半分以下だ。

こうした現象の背景として注目されるのが、遺伝情報をコントロールする特殊な遺伝子の異常だ。父母から一本ずつ受け継いだ遺伝子は、どちらか片方の遺伝子に印を刷り込んで働かない仕組みになっており、これが「刷り込み遺伝子」と呼ばれている。

遺伝子への印付けは、受精をきっかけに段階的に行われるとされているが、クローン牛は、印付けされる前の未受精卵に、印付けが終わった体細胞を融合させるため、刷り込み遺伝子の機能に異常が生じるとみられている。

ハツカネズミを使った実験で、刷り込み遺伝子がうまく働かないと子供が大きく生まれたり、誕生前に死んでしまうことが確認されている。クローン牛の場合も、普通は五十キロ前後という出生時の体重が七十九キロで誕生したケースや、多発する死産など既に判明しているトラブルは、刷り込み遺伝子の異常で説明できるという。（後略）』

　このように一口に遺伝子といっても、その働き方が不明のものが大部分で、「刷り込み遺伝子」というのも、これからその正体を研究しようといった段階である。

信仰を持つ

　こうして科学的な研究が年々進歩するのは大変有意義だが、大宇宙の神秘は無限に宏大であって、あたかも深山に分け入り、森の向こうに又森があり、その向こうにも限りなく原始林が拡がっているような状態だ。その原因は、この物質世界が〝影像〟であり、三次元空間という限定された世界だからであると言える。しかし「実在界」は無限次元であり、言い換えると無次元でもあり、そこに「真・善・美」なる「神性《しんせい》・仏性《ぶっしょう》」が充満している。その真実を現象界で現し出すには、無限の訓練と、研究と探査の旅が繰り返され、その繰り返しの中に、悦びや楽しみが味わえるものである。

そこでこの人間の肉体にも、誰一人として「完全円満」という理想を完備している者はなく、さらに国家としても完全無欠な国家などは、未だ実現していないのである。それ故「神の国」なる実相*は、「この世の国にあらず」と言われるのであって、『甘露の法雨』にハッキリと明記されている通りである。

そこで現実世界では、何らかの欠点や欠陥が見つかっても、それをもって絶望したり、ヤケクソの自殺的行動に走らず、自己を劣等視することもなく「困難に打ち克ち明るく生きる」という努力（訓練）を行わなければならないのだ。

例えば平成十一年七月十一日に富士河口湖練成道場*で行われた特別練成会*で、中西まど夏《か》さん（昭和五十四年七月二日生まれ）は次のような体験を話して下さった。体験発表当時彼女は生長の家養心女子学園*生だった。

まど夏さんは生まれた時から右手の手首から先が欠落していたので、ずっと義手をつけて大きくなった。しかし現在では何一つ不自由はなく、充実した生活を送るようになれたということである。養心女子学園では「すごく変わった」と言われるようになったが、六年ほど前の中学生の頃には、今思い出すのも恐いくらい悩んでいた。

いつもひどく緊張して、今の自分が嫌いで、人がこわく、毎日をやっと生き延びているといった感じだった。ところがそのころ家の隣にあった銭湯の脱衣場の壁に掛けてあった「智慧の言葉」と、番台にいる若奥さんによって、初めて生長の家を知ったのである。若奥さんは生長の家の地方講師だった。そこでまど夏さんも、近くの両丹道場*の早朝行事や練成会に参加したりした。

さらに『生命の實相』第七巻を何回も読んで、友達に配ったりする愛行*もした。その間の彼女を生長の家の「神の子・人間」の教えが支えてくれた。こうして彼女が養心女子学園に入学するまで、普及誌をずっと持って来てくれていた隣の若奥さんは、彼女の聖使命会費*も払っていて下さったことを、あとになって知ったのだった。

幼いころの印象

まど夏さんが高校三年になった時、「養心に行きたい」と言ったところ、家族皆に反対された。ことに父が宗教を毛嫌いしていたので、大反対された。このような人たちも現代の日本には沢山《たくさん》いる。ことに変な宗教が妙な教えを説いたり、そのカルト集団が人道に反するような事を言ったり、やったりすると、〝宗教嫌い〟も沢山出てくるが、一口に宗教といってもピンからキリまであることを知らなくてはならない。

それは丁度学校の先生にも色々変な教え方をして、生徒に間違った歴史を教えたり、学級崩壊を放置してそれらを「自由」と錯覚したりする人もいるようなものだ。警察官でも、その知識を悪用して、盗みに入った人もいたようだが、だからといって警察がなくては国家の秩序は維持されないし、立派な教師や警察官はいくらでもいるようなものである。

だから一部のものを見て、それを全体に引き伸ばして推察するのは間違いのもとだ。それを打ち破るには、ただ「光」（真実）を前進させる外はないのである。夜空に美しい花火を打ち上げるように光明面を見て、暗黒面を見ない練習（修行）をおこたらないことが大切である。

まど夏さんは、「大反対」を唱える父に対して、半年ぐらいかかって説得し、やっとのことで入学を認めてもらった。養心女子学園では、毎朝五時に起きて、神想観をするのがとても魅力的で、「身についたらいいな」と思ったというからすばらしい。彼女にはここに入学したら、絶対よくなるという強い信念が湧いて来た。

ところが、いざ入学してみると、良くなるどころか、新生活に慣れることができず、いつも過去のことや不完全な現象に引っかかって、不安や恐怖で一杯になった。これはやはり現象の中に完全を見ようと思う心が強かったからであろう。今までの習慣と、あまり異なった日常生活が送られるので、沢山の疑問が湧き、色々な先生方にも相談した。食事中や授業中も、色々のことを思い出して苦しくなり、トイレに閉じこもったこともあったそうだ。

その根底には、彼女の手が生まれた時から不自由だったことがあるだろう。幼いころの体験は強く人の心を支配するもので、そのころから正しい信仰生活で育てられるのと、そうでないのとでは、同じ年ごろで習慣の打破でも容易さがちがうのは当然だ。例えば幼いころからバレエの訓練をした子と、そうでない若者との難度の違いのようなものである。あるいは又、平成十一年八月二日の『産経新聞』にのせられた、次のような囲み記事も参考になるだろう。

『【ロンドン31日ＡＦＰ＝時事】一日付の英日曜紙サンデー・タイムズは、クリントン米大統領が、元ホワイトハウス職員モニカ・ルインスキーさんと不倫を行ったのは、幼少期に母と祖母から受けたトラウマ（精神的外傷）が原因だとするヒラリー夫人の言葉を紹介した。

新刊の米雑誌「トーク」とのインタビュー記事を発売前に転載したもので、クリントン大統領は四歳のころに母と祖母との激しいいさかいの間に挟まれ、深く傷ついたという。ヒラリー夫人は、そのような体験から大統領には「弱さがあり、もっと鍛錬が必要」としているが、「少年時代の体験を考慮すれば、彼が指導者である大統領になったのは素晴らしいこと」と語った。

また同夫人は大統領の不貞癖について、「既に十年前に直っていたと思っていたが、万全ではなかった」と述懐した上で、「彼は今では自分の過去を見詰め、何が不倫の原因だったのかが分かるようになっている」と語った。』

ヒラリー夫人はまるでクリントン氏の精神分析者のような口ぶりである。

努力は実る

さてまど夏さんは、ある晩、色々のことを思い出したり、将来のことを考えていると、ひどくつらくなって押え切れず、食堂で泣きわめいた。その時、当時の主事だった木下貞子さんは、彼女をしっかりと抱きしめて、

「大丈夫よ……」

といって、背中をさすり、聖経を読んで下さったのである。すると彼女はその夜安心してぐっすり眠ることができた。こうして一年生の一学期が終るころは、まるで何十年か経ったような気持でとても永く感じた。その間彼女は色々の行事に参加した。聖典講義の時などに、良いと思ったことはどんどん実行して、自己向上の努力を続けた。他の授業でも沢山のことを学んだ。

これまで彼女は、家庭科が苦手だった。それは右手がなかったからだ。中学、高校と、いつも誰かが手伝ってくれていたのである。でも養心女子学園では先生から、「自分でやり

なさい」と、独り立ちすることを教えられた。いつも助けてくれる人がいると思うと、いつの間にか内在の無限力を開発する努力が減少するからだ。右手がなくても、左手がある。右手も左手もなくても、足があり、口がある……と、凡《あら》ゆる肉体を駆使して力を現し出すことが出来るはずではないか。たしかにそこには健常者には見られない努力も必要だが、しかし努力したことは何らかの形で実るものである。今すぐ結実しなくても、必ず何年か、何十年か後には実るのだ。時には生まれ変わった〝次生《じしょう》〟に、又さらに〝後生《ごしょう》〟にも現れてくるのである。

というのは人間はたった一回の誕生によって与えられた肉体人生だけのものではなく、そこで得られた体験や表現力を、次の人生でも、さらにその次からの人生（後生）でも現し出しつつ、「無限力」という実在の力、いのちそのものを展開し続けて行くからである。

こうしてまど夏さんは、自分でやる努力を始めた。たとえ手伝ってあげようという人がいても、

「ありがとう、でも自分でやるわ」

と言って自分でやるように努めた。膝に布を引っかけながら縫っていて、何十回となく

間違って針を刺したりしながらも努力した。こうして平成十年の秋にはゆかたを縫い上げることができた。その時服飾の先生が、

「よかったね、何度も手伝ってあげようかと思ったけれど、それではあなたのためにならないし、本当によかったね」

と心からほめて下さった。そのやさしさと、やりとげたという喜びに感動して、とても嬉しかった。又茶道の時間に、両手を細かく使うお手前が難しく、とても出来そうになかった。だから出来ないと思って投げやりにしていたが、それを聞いていた同級生から、

「出来ないんじゃなくて、やらないんでしょう」

と言われたのだ。そこでもっと深く考えてやる努力をすると、出来るようになった。それからは、すぐ「出来ない」などと言わずに、苦心しながら自分でやる努力をすると、色んなことが出来るようになった。だからもう右手の不自由を理由にして困ることは、ほとんどなくなった、と話しておられたのである。

手紙を打つ

さらに彼女はワープロに興味を持った。養心女子学園に来て始めたことだが、最初は左手だけで打っていたので、まあ適当に打っていた。しかし毎日少しずつでも練習しているうちに、彼女に適した打ち方が次第に身について来た。そして平成十年の夏休み前に、父にワープロで手紙を打って送ったところ、とても喜ばれた。そして平成十年の冬には、ワープロの三級を取ることが出来たのだ。

三級を持っている人は沢山いるが、彼女にとってはとても嬉しいことで、初めての技術資格だった。そして平成十一年には、二級をとりたいと思い努力しているところだということだった。

さらに養心女子学園を二年コースに切りかえて、大いにたのしく努力しているといった現状である。部屋には日めくりカレンダーを置き、その日一日を力一杯生きているという。たとい具合のわるいことがあっても、それは過去の感情が消えて行く姿であり、「これからは一層よくなるのだ、自分の中には神様の無限力が宿っている」という自覚が湧いて来て、すぐ元気になれるようになった。さらに楽しかったことはノートに書きとめ、日々多くの本を読んで進歩向上にはげむようになった。

そして今は再婚してどこかの老人ホームで奉仕活動をしている母の実家あてにも、

「生んでくれて有難う……」

という感謝のハガキを書いて出したということである。こうして少しずつ神様の存在を信じられるようになり、人の善い所も自然に見えるようになり、これからは出来ないと思わず、「どうしたら出来るか」を考えて日々前進し、一人でも多くの人々のお役に立ちたいという気持を率直に語っておられたのであった。

このように人はどんな悪条件の中で生まれても、決して悲観したり、自己限定をして暗い一生を送ったり、人を、ことに父母を恨みのろったりしてはならないのだ。人はみな「親和の法則」により、「業《ごう》の法則」によって、最も自分にふさわしい父母の所に生まれてくる。その秘密の設計図は遺伝子の中に書き込まれていても、その全解読は不可能であろう。というのは三次元の遺伝子には、無限次元の実相を完全に写し出すことは出来ないからである。しかも現実の遺伝子は、心によって変化して行くことができることが、次第に明らかになりつつある。このように現象は常に変化し〝無常〟である。しかし実在界は不滅であり、「常《じょう》・楽《らく》・我《が》・浄《じょう》」なのである。何と楽しく、美しく、安らかな世界であることであろうか。

＊実相＝神が創られたままの本当のすがた。
＊富士河口湖練成道場＝山梨県南都留郡河口湖町船津五〇八八にある生長の家富士河口湖練成道場。
＊特別練成会＝生長の家総裁・谷口清超先生ご指導の練成会。
＊生長の家養心女子学園＝山梨県河口湖町にある全寮制の専門学校。生長の家のみ教えはもとより、調理、服飾、礼儀・作法などが学べる。
＊両丹道場＝京都府舞鶴市北吸四九七にある生長の家道場。
＊愛行＝愛の行い。狭義には伝道するために月刊誌や単行本などを頒布すること。
＊聖使命会＝生長の家の運動に共鳴して、月々一定額の献資をする人々の集まり。

Ⅲ　たったひとりの尊い自分

1　かけがえのない私

海とコップ

次のような問題を考えてみよう。ビワ湖のような湖の中に、コップ一杯の水を加えると、この湖の水面は上昇するかどうか、という問いだ。もし水面が水平で、波も立たず、どこの川からも水がそそがれず、どの川にも水が流れ出ないなら、ごく少しでも水面が上がったはず――と答えるかも知れない。しかしそうではない。まだ水面からの蒸発がどのくらいあるかとか、太陽の照りぐあいとか、雨が降るかどうかなどの条件が分からないからだ。

このように世の中には、色々の〝条件〟によって、〝結果〟が変わってくるし、分からないことだらけである。つまり分からないことが一杯あるということが、分からないといけない。これは科学の世界にもあり、社会学や政治や経済の分野にも沢山ある。ことに人間のいのちとなると、証明したり、測定したりすることができないから、分からないことだらけなのだ。

しかし人はみな「いのちは尊い」と思いたがる。何となくそんな気がするからだろう。しかしもし、自分のいのちが死んだ後に、そのいのちはどうなるかと考えると、「分からない」ではすまされない。そこで「いのちはなくなる」と考える人と、「いや、いのちは残っている」と考える人との二つのグループが出てくるのである。

もし「いのちはなくなる」と考えるならば、どうせなくなるものが、「どうして尊いか」ということになる。例えば千円札をもらって、ポケットに入れて帰ってみたら、何も入っていなかった。千円札がなくなっていたとなると、千円もらってありがたいということはない。やがて消えてなくなるものが、尊くて、ありがたい――とは思えないからだ。

ところが宗教では、「いのちはなくならない」と考える。肉体のいのちはなくなっても、魂というのちはなくならない。それをいのちとか「心」とか「霊」とかと言う。そしてその「霊」とか「魂」を、お祭りして、礼拝《らいはい》して尊ぶということになるのである。

しかしそのいのちは、コップ一杯の水が、湖や川の中に入って、大きな海にそそぎ込むように、大きな神様の世界に入って、「一つになる」というだけでは、あまりありがたいとも思われないだろう。何故なら、一杯のコップの水が、海に加わろうが加わるまいが、海の水には関係がないからである。一杯の水の存在価値が見当らない。そんなコップの水なんか、あってもなくても、海は海で、川は川で、湖は湖で、いいではないか――と思うだろう。

いのちは尊い

人間の、あなたや私のいのちが、そんな無意味で個性のないもので、他人のいのちでいくらでも身代りできるものならば、何もいなくてよかったのではないかという気もする。だから「私」という個人はどうでもよくなってしまう。尊くはないし、ありがたくもないのだから、「生んでくれなくてもよかった」などと言い出す人も沢山でてくるだろう。

しかし「生長の家」の信仰では、そんな風には考えない。個々のいのちも尊くて、〝大海〟に当たる「神のいのち」もありがたい。「神の世界」という完全な世界だけがあって、個人のいのちは皆その中にとけこんで、個性や特長がなくなってしまうのが魂のあり様《よう》だとは思わないのだ。たとえば『聖経・天使の言葉*』にはこう記されている。

『（前略）汝らの先ず悟らざるべからざる真理は、
「我《われ》」の本体がすべて神なることなり。
汝ら億兆の個霊《みたま》も、
悉《ことごと》くこれ唯一神霊《しんれい》の反映《うつし》なることを知れ。
喩《たと》えば此処《ここ》に一個の物体の周囲《まわり》に百万の鏡を按《お》きて
これに相対《あいたい》せしむれば一個もまた百万の姿を現《げん》ぜん。（後略）』

ここで例にあげられている「物と鏡との関係」は、どれも三次元の物体の例だから、神と人（霊魂）との関係を完全には現していないが、人が死んだら、その魂は大海の水の中に没するように〝個性がなくなる〟とか、どの人も皆同じになるとは考えられないのである。さらに又、『七つの灯台の点灯者』の神示*には、こう示されている。

『（前略）汝らの兄弟のうち最も大なる者は汝らの父母《ちちはは》である。神に感謝しても父母《ちちはは》に感謝し得ない者は神の心にかなわぬ。天地万物と和解せよとは、天地万物に感謝せよとの意味である……感謝し合ったとき本当の和解が成立する……一切の人々に感謝せよ。（後略）』

この最後にある「一切の人々」の中には、あなた自身も含まれている。全ての人が含まれているから、それに感謝するとは、その人や万物に感謝するのだ。だからあなたは、自分自身にも感謝する。即ちあなたは「神の子」として尊い存在であるということであり、あってもなくてもよいような、海の中に入った一杯のコップの水のような、そんなたよりない存在ではないという〝宣告〟である。

十分間でも

よく人は、「私みたいなつまらない者」と言ったり、「ボクはダメな人間だ」と嘆いたりするが、そんなことはないのである。皆「神の子」であり、「神の子」は神の子らしく、完全なのが本当だ。だからダメ人間など一人もいない。あってもなくてもよい存在ではない。

あなたでなければ現せない「神性・仏性」の持主であり、「無限能力者」なのである。
だからもし一人の人間（あなた）が完全にいなくなると、神様もいなくなる。万能の神が「万能」でなくなるからだ。何故なら、万能の神であったはずだのに、「あなた」という個性が表現できなくなるからだ。そこで「万能の神」でなくなるからである。つまりこうして一人の人が消え去ると、神様が神様でなくなる。だから一人一人がどんなに大切な「神の子」であるかが分かるだろう。

しかしこの世では、心で認めただけのものが現れてくるから、認めないものはナイのと同じである。だからあなたの能力や長所も、先ずあなたが認める必要がある。認めると、隠れていたそれが、あらわれてくる。「出てきたら認めよう」では、順序が逆なのだ。

例えばよく人は「時間がナイ」とか「時間が足りないから、これこれが出来ない」などという。しかし時間は一杯あるのだ。ただそのちょっとした時間を「認めていない」だけのことである。入信した人でもよく「神想観の時間がナイ」などと言う。そんなことはない。認めていないだけだ。例えばちょっとした通学のバスや電車の中でも、十分や二十分はあるにちがいない。その時間を、アルと認めて目を閉じて、「神のいのち流れ入る流れ入……」と息を吸い、「満たされている、生かされている……」と息を下腹におとす。これだけでも何回か繰り返すと、神想観を全然やらないよりはいいのは間違いない。おふろに入った時でも、これをやればできる。時間はアルのだから、すこしでもそれをみつけて、活用すればよいのだ。十分間ぐらい、どこにでも見つけられるだろう。例えば平成十四年二月二十一日の『産経新聞』に、千葉県白子町に住む高校生、河野智恵さん（十八歳）の、こんな投書がのっていた。

『私の学校では毎朝〝十分間読書〟があります。自分の好きな本を持ってきて皆が読んでいます。

私は入学当初「十分間という短い時間の中で、なぜ毎日読書をするのだろう」と不思議に思い、この疑問をしばらく持ち続けていました。

そんなある日、私はテレビ番組「3年B組　金八先生」の中で、私たちの学校と同じ朝の十分間読書が行われているのを見ました。その時、金八先生は「本を読むことによって、将来の夢や希望などを持てるようになる」などと話していたのです。

高校三年生になると、私は学校に着くと自然に本を開くようになっていました。毎朝、本を読むということが日課となっていたのです。本屋に行っても、雑誌や漫画だけでなく小説などの売り場にも行くようになっていました。読む本の幅が広がっていたのです。

これからはいろいろな学校も十分間読書をすれば、一人ひとりの集中力を高めるためにはとても役立つと思います。』

これも「十分間」という時間の尊さを見つけたら、そこからもっと長時間の読書ができ、さらに読書の幅が広がったという体験である。このように、小さなものが、より多く集まると、やがて大きな内容になって行く。あなたの中にある「隠れた能力」でも、きっとそうなって行くに違いないのである。

貴重な存在

人はよく「私には、人に与えるようなものは何もない」と思ったり、言ったりするが、ナイのではなくアルのだ。それを認めることだ。例えば赤ん坊がニコッと笑うと、周囲の人は喜んでくれる。それと同じように、朝あなたが家族に「ニコッ」と笑って「お早う」

と一言あいさつするだけでも、家族に喜びを与え、家庭の雰囲気をとても明るくする。あいさつぐらいできない人はいないのに、いつもムッツリをきめこんで無表情でいると、明るい家庭はできないし、あなた自身も愉快になれないのである。

教室や待合室などで、名前を呼ばれたとき、ハイと返事をすることぐらい、誰にでもできるのに、それをしないで、ノソッと立ってゆく人もいるが、これでは暗い雰囲気作りをやっているようなものだ。ハイくらいは誰にでも言える。それをやりつけていると、いつの間にか気持のよい挨拶ができるようになり、「ありがとう」も言えるようになり、「行ってきます」とか「ただ今」と、往き帰りの挨拶もできるようになるのだ。

すると人々はみな喜んでくれる。それはあなたが「いてもいなくてもよいような存在ではない」証拠だ。とても尊いいのちであり、人格的存在として認められているからだ。従って当然自分自身も、自分の尊さを認め、さらに家族や他人の尊さを認めるならば、あなたはますます自分自身の値打ちを知り、さらにあなたの中の色いろな才能を引き出してゆくことができるのである。

つまりあなたは、〝かけがえのない存在〟であり、価値あるいのちであり、コップ一杯の水のような、そんなたよりない存在ではないということだ。こうして自分のいのちの尊さが分かると、他の人々の尊さも分かってくる。そしてそのような全ての人々のいのちが神において「一」であり、しかも「多」であることが分かるにちがいないのである。

よく知られているように、キリスト教やイスラム教では〝唯一神〟を信じている。それに対して日本などは〝多神教だ〟と言われている。だからこの一神教と多神教とでは、道徳の基準がちがい、多神教ではバラバラな神を信じているので、両者の文明は一致しないという人がいる。

しかし本当の神は「一即《そく》多」である。それは「神」が唯一絶対であると共に、「神の子」たるわれわれ多くのいのちも絶対的価値をもっているという信仰だ。一人一人が尊いのであり、仏様である。だから、一人のいのちでも無駄にしてはならないという「生命尊重」の考えが徹底されるのだ。

この考え方が行きわたるならば、戦争だからとかテロ攻撃だとか、多数のいのちを殺せとか、自分のいのちを殺して敵をやっつけろというような行為は、世の中から消えて行くのである。つまり神の名において「自殺」しても、それは自分という神の子を殺す殺人に当たるし、家族を道づれにして心中をするなどという野蛮な行為も、できなくなるにちがいない。

そしてさらに又、全ての動植物のいのちの尊さも分かるし、それをむやみに殺すのはよくないことも分かるから、地球の森や林を切り倒して植物を殺し、中に住む動物を迫害することもなくなり、地球の温暖化の防止が高まるのである。その根本は、さきほど紹介した神示の中にあった、

『天地万物に感謝せよ』

の一言に現されている。天地万物の「物」とは、あらゆる生物やさらに物質も含まれて

万物に感謝

いる。石油でも石炭でも、みな大切にして、その使命を完うしなければ「感謝した」ことにならないだろう。

いのちとは、そうしたものだ。心電図や脳波などで測られるものは、いのちではなく、肉体上の変化にすぎない。そんなものは本当のいのちではない。肉体には〝自由〟も〝平等〟もないことは、別の論文でも沢山書いたから、皆さんはもうご存知だろう。

そもそも平等な肉体をもった人間や動物がどこにいるか。背の高い人や低い人や色いろだ。決して平等ではない。そして〝自由〟でもない。やがて誰でも、年をとると不自由となり、死んでしまう。食事をとらないと、たまらなく不自由である。だから、食事を明るく楽しく正しくとることも、いのちを大切にし、あなた自身のすばらしさを表現するよい方法となるのである。こうして「かけがえのない私」を大切にして、毎日明るく楽しく、力一杯生活しようではないか。

＊『聖経・天使の言葉』＝生長の家のお経の一種で、葬祭行事及び祖先霊供養のために好適。

＊『七つの灯台の点灯者』の神示＝生長の家創始者・谷口雅春大聖師に、神より示された言葉。この言葉により無数の人々が幸せな人生に導かれている。聖経『甘露の法雨』又は『生命の實相』頭注版第1巻等に収録されている。

2　良い友達ができる

心の法則

この世の中には、色いろな法則がある。一番簡単な法則は、

1＋2＝3　　5－2＝3

といった足し算や引き算の法則だ。これをよく知っていないと、外出して買い物をしても、ゼニ勘定を間違えて損をする。つまり法則には従わなければならないことを学んだはずだ。

ところが算術でも高等数学となると、「分からない」とか「いやだ」と思う人も出てくる

だろう。しかしいくらいやでも、それに従って社会が動く。そのように「法則」というものは、こちらの好き嫌いには関係なく動いて働いて、その結果を出してしまうものなのである。

では世の中にはこのように、数学の法則しかないのかというと、決してそうではない。「心の法則」というのもある。これは「物質の法則」をさらに越えた「法則」である。「業《ごう》の法則」つまり「因果律」とも言うから、人の生活や運命にまで及ぶ広い法則である。それを簡単にいうと、

「類は類を呼ぶ」「類は友《とも》を呼ぶ」

などともいう。同じような似たもの同士が集まるということで、魚は魚同士が群れを作って泳いでいるし、馬は馬づれ、牛は牛づれで、似た種類のものが集ってくらすだろう。人間でも同じような人種が集まる傾向があるし、その住む国や家でも、似たような家や社会が作られて行く。交際する人々も、似たような友だちが集まるから、「類は友を呼ぶ」というのである。成績のよい子は、やはりよい子同士が集ったり友だちとなるし、悪ガキは悪ガキで集って遊ぶようなものだ。

昔、私の通った田舎の小学校は、同じ学年に三クラスあって、甲のクラスはよく出来る子が集められ、乙のクラスには中くらいの子、丙のクラスには出来の悪い子が集められていたものだ。今ごろの学校では、こんなことをすると、〝人権シンガイだ〟とさわがれるかも知れないが……

出来る子とか出来ない子といっても、これは成績だけのことで、本当の能力（知恵）をしらべたのではない。頭が良いとか悪いとか言っても、頭の中をしらべた訳ではなく、試験問題ができたか出来なかったかを調べただけだろう。だから本当の知恵や愛などはわからない。〝悪い〟というのは〝頭〟の悪さではなく、答案用紙（の書き方）が悪かったのだから、安心したらよいのである。

たとえば谷口雅春大聖師は子供のころ、一時数学の成績が悪かったといわれたが、それは頭が悪かったのではなかった。数学のある点数が悪かった。というのは答えが十八と出たら、ちょっと少ないから二十一におまけしとこうと思って、二十一と書いたから、点が悪かったそうだ。だからもしあなたが学校の成績が悪いといって、頭が悪いなどと考えてはいけない。頭はすばらしい万能コンピューターだが、あまり練習しなかったりすると、答えが出なかっただけのことなのである。

頭はすぐれたコンピューター

そうはいっても、私は勉強を怠けろとケシカケているのではない。怠けていると、力があっても力が出て来ないから、この世の中が面白くなくなる。だから努力して勉強する方がタノシイ人生となるから、とにかく努力してやる練習をおすすめする。大ていの偉人や天才は、小さい時は「頭が悪い」とか「成績がよくない」と言われたものだが、途中から力を出して努力して、グングン能力を伸ばしていった人が多いのである。

ところで話を「心の法則」にもどすと、「類は友を呼ぶ」というから、友達にはあなたと同じような、似たものが集ってくる。だから「よい友達」がほしかったら、あなた自身が「よいことをする人」とならなくてはダメだ。

本人が悪ガキでいて、友達だけ良い友達ということは法則違反だからである。自分がウソつきでいながら、ウソを言わぬ正直な友達を求めてもダメだ。自分が怠け者でいて、友達だけ働き者を求めても、これもダメだ。自分が深切な心で、ひとのために何かしてあげようと思っていると、深切な心の人がひとりでに集ってくる。

そしてその友達からも、いつの間にか色々のことを教えられる。同じく悪友からは悪いことを教えられ、悪さがひどくなるし、善友からは善いことを教えられ、いつの間にか立派な人になってしまうものである。

主人公は誰か

しかし根本は先ず〝自分〟が何をし、何を考え、何を言い、何を理想とするかが大切なので、友人や知人に先ずそれを求めるのは好ましくない。というのは人間は「自分が自分の運命の主人公」だからである。他人が自分の主人公ではない。もしそうなら、自分が他人の〝奴隷だ〟ということになるだろう。

そしてその自分も、本当は「すばらしい神の子だ」と知ると、本当の「主人公」の自覚がひとりでに出てくる。劣等感がなくなり、人を恨んだり憎んだりすることがなくなり、

「明るい心」で生きて行けるのである。こうしてあなたの周囲には、「心の法則」により、明るいたのもしい友人が集って来る。これはひとりでに〝そうなる〟のだから、いろいろと小細工をする必要はない。そしてこのような友達から、自分自身もまた教えられることが沢山ある。

私はかつて旧制の中学生のころ、汽車通学をしていた。岡山県の玉島という町（当時）から、岡山市の第一中学校というのに毎日通っていた。その通学の汽車（ポッポッと煙の出るアレだ）の中で何となく一人の友人ができた。彼はいつも数学の問題を、車中で解いていた。私もそのころ数学が好きだったから、いつの間にか彼と友達になり、私も彼のように問題を解くことに没頭したものだ。

たった一つの問題が、なかなか解けないこともある。しかし根気よく何日もやっているうちに、解けるし、その時のうれしさは大変なものだ。自分で考えて解けたからだ。するとそれからはこの楽しみのために、彼と共に問題を解くことに往復の通学時間を利用し、たのしみながら数学が上達し、やがて旧制高校の理科甲類というのに入学した。

私はこの友達から、数学は自分で解いてはじめて面白くなるということを学んだ。分からない所が出たら、解答を見るのではない。もっと前にならった公式や定理を見て、そこから考え直していくと解ける。心配はいらない――ということである。

さらに私は旧制高校時代に、歳上の友達から哲学的なことを学んだ。彼は三回ほど受験に落第し、やっと入学してきた同級生だった。しかし彼はとても色々の本を読んでいて、尊敬に値する話を聞かせてくれた。彼は一種の哲学者だった。その哲学は、彼の三回の落第期間中に学んだものらしい。とてもよい話をしてくれて、「西田哲学」などをスイセンしてくれたのである。

私は彼の話などから、大学では心理学を学ぼうと考える方向に進んだようだ。理科から文学部に変更したのは、そのような友人の働きが大いにあったと思う。しかしまだ生長の家の「神の子・人間」の話は全く知らなかったから、さんざん回り道をして、徴兵にとられて病気（肺結核）になり、島根県の浜田にあった陸軍病院に入ってから、やっと『生命の實相』という本にふれたのである。その本を私は同室に入っていた田中上等兵という友達から借りて読んだ。

最初は「小説」の一種かと思って読んだが、小説ではなく、神様や仏様、人間の本質は「神・仏だ」ということが書いてあって、ビックリした。しかし谷口雅春先生のご文章が、とても力強く、何か私の求めている「本当のこと」が書いてあるような気がして、一心不乱に読んだものである。

私は陸軍病院にいる間に〝兵役免除〟となり、やがて松江市の近くの乃木村にあった〝傷《しょう》痍《い》軍人療養所〟に移された。そこで約三年間ほど、『生命の實相』各巻を読みふけったが、田中上等兵は途中から不信仰者となり、ついに肺病で死んでしまった。だが私は彼の死をムダとは思っていない。少なくとも私に「生長の家」の本を読むことを教えてくれたからだ。

さきにのべた私の友人達はほとんどあの戦争で死んだと思う。人はどうせ肉体は死ぬのである。だから死んだらダメということはない。「死」もまた人に色々のことを教えてくれる。さらに動物でも、植物でも、何かを教えてくれるのだ。まして人間や友人が、何も教えてくれないということはない。その意味からすると、友達はみな良い人たちなのである。

人も犬も

ところで渋谷の駅前広場には、今でも「忠犬ハチ公」の像が立っている。ここで沢山の人が友達と待ち合わせをしたりしているが、ハチ公という犬は死んだご主人をそこで待っていた犬だ。毎日待っていた。毎日毎日……というところがすばらしい。

平成十四年一月九日の『産経新聞』には〝赤の広場で〟というロシアからの、こんな話題がのっていた。

『沿ボルガ地方サマラ州の首都サマラで一九九四年、乗用車同士の衝突事故が起きた。一方の乗用車を運転していた男性は即死したが、同乗していたペットの雄イヌ（シェパード）は奇跡的に無傷で助かった。飼い主を失ったイヌはその後、事故現場の道路脇で主人の〝帰り〟をひたすら待ち続けているという。

雨の日も雪の日も関係ない。盛りのシーズン、雌のイヌが色目を使ってきても見向きもしない。ある市民が自宅に保護したが、一週間で逃げ出し事故現場に舞い戻った。事情を知った市民らはこのイヌを、ギリシャ語で「忠誠」を意味しロシアの男性名にも使われる「コンスタンチン」と命名した。そして毎日エサを与えたり、道路の脇に寒さをしのぐための犬小屋をつくったりと、世話をしているそうだ。

年齢は十歳と推定されるコンスタンチンはいまだ健在だが、有志の間では銅像を事故現場に建立する計画も進められている。

以上が、地元紙が伝えたロシア版「忠犬ハチ公」の物語である。胸がジーンと熱くなったのは最近、心温まる話になかなか出会わないせいか。ロシアの冬は長く厳しい。コンスタンチンは今日も、主人を待っているのか。(高木桂一)』

犬や猫は、人間でないから、正式には友達とは言えないだろう。そこで〝忠犬〟というのだろうが、もうこんなに親しくなると、友達のようなものだ。心が通い合っている。つまり愛情でしっかり結ばれている。そんな仲になると、犬でも熊に立ち向かって、人を助けてくれたりする話を聞くことがある。

だから人間同士でも、歳の差などは問題ではない。愛ふかい人には、その愛にこたえてくれる人たちが集ってくる。中には愛というと何だかシメッポイ涙、涙と考えるむきもあるが、「神の子・人間」が本当の人間の「実相」だと分かってくると、「明るい心」がみちあふれてくる。それを端的に（ハッキリ）表しているのが「笑い」であろう。

笑いの中で

それもバカ笑いではなく、気持のよい笑い。それは明るい人々を呼び集め、自然に明るい友達ができて、学校も社会もそして又家庭も、楽しい場所になるものだ。同日の『産経新聞』には、大阪経済部の井上純子さんの「笑う元気を取り戻そう」というこんな記事があった。

『「笑い」という言葉が気になっている。きっかけは、昨年九月下旬、米中枢同時テロ後のニューヨークを取材したことだった。悲惨な事件の直後にもかかわらず、米国民は悲しみの一方で、笑うこと、楽しむことを忘れていなかった。当時、世界貿易センタービルの犠牲者の捜索などに追われていたニューヨークのジュリアーニ市長は土曜深夜に生放送されるテレビの人気お笑い番組に出演して、市民にこう呼びかけた。

「笑っていいんだ、笑おうよ」

事件からまだ二週間ほど。不明者が五千人以上といわれていた。その被災地の市長が、お笑い番組に出演するだけでも驚きだったが、市長は堂々と市民に「笑おうよ」と語りかけた。日本ならどうだろうか。たちまち「不謹慎」と声があがるかもしれない。

ニューヨークで市長の呼びかけに対し、不謹慎だと非難した人は、私の知る限り、一人もいなかった。「残された者が早く普通の生活を送る。そのためには笑いも必要」というのが共通した市民の気持ちなのだ。

笑える余裕は人を強くする。テロ後、ニューヨークでも失業者が日に日に増えたが、その中にも「笑い」があった。

ニューヨーク市が開催した失業者対策の就職展示会は、三時間以上も並ばなければ会場に入れない状況だった。それでも、列にいた人たちはめげていなかった。

そのひとり、ジョアンナさんという中年女性に「長時間待っても、いい職はないかもしれませんよ」と意地悪な質問をしたところ、「会場の中に職探し端末があるの。家のネットで職探ししたらお金がかかるけど、ここならただよ」という答えが返ってきた。ユーモアたっぷりの笑顔だった。（後略）』

笑いやユーモアのある人々には、必ずよい友人があつまって来るものだ。そして健康やその他の幸福まで「類を以て集まる」のだから、面白くて楽しい世の中ではないだろうか。

3　わが内なる神

三倍になる

平成七年の八月二十九日の『産経新聞』に、こんな投書がのっていた。大阪市の女の人からのものだが、主人公は中学一年生である。

『過日《かじつ》の夕方、中一の孫が、町角《まちかど》の路上に財布《さいふ》が落ちているのを見つけ、拾《ひろ》って中身を見ると一万円札がビッシリ。孫は瞬間《しゅんかん》、一枚欲《ほ》しいなあと思ったそうですが、前夜、母親から良いことをすると三倍になって返ってくるが、悪いことをするとそれ以上に苦しむと聞かされたことを思い出し、すぐ近くの交番にかけ込《こ》んだそうです。

家では、家族が帰りの遅《おそ》い孫のことを心配していたところへ警察から電話がかかり、「お宅の息子さんが今、財布を拾ってここへ届《とど》けに来てくれました。免許証も入っているので、早速《さっそく》落とし主に連絡《れんらく》します」とのこと。

警察から得意満面《とくいまんめん》で帰ってきた孫を家族総出《そうで》で大歓迎《かんげい》。両親からベタほめされ、頭をなでてもらい、子供心にも善行《ぜんこう》をした後の喜びは、生涯《しょうがい》忘れられない思い出となって残るでしょう。

翌日、落し主がお礼に見え、「本当に助かりました。早速仕事ができます。わずかですが」と孫の手に三万円を手渡《てわた》され、孫はまたまたびっくり。

「お母さんのいう通りや。ええことして、ほんまによかったワ」と喜びを噛《か》みしめていました。

日常のさりげない親子の会話の中から、生きた家庭教育の大切さを、あらためて学びました。』

このように、よいことをすると、必ずよい報いが返ってくる。その反対に悪いことをすると悪い報いや、苦しいことが返って来るものだ。これを〝因果律《いんがりつ》〟と言って、昔から今にいたるまで決して変わらない法則であり、〝神の知恵〟とも言うのである。ところがまだ子供が幼いころは、何がよくて何が悪いか、ハッキリ分らないことがある。だから面白がって石でガラスを叩いて破ったりして、大人から叱られる。こうして自分勝手に物をこわしてはいけないとか、ひとのものを取ってはいけないなどと学ぶのである。この中学一年生もお母さんから、

「良いことをすると三倍になって返ってくる」

とおそわった。そして沢山のお金をひろって警察にとどけたら、本当に三万円になって返って来たという話だが、必ずしも〝三倍〟ではなくて、十倍にも二十倍にもなって返ってくることもある。この少年も一万円が沢山入っている財布をひろって、ちょっと一万円だけだまって使おうかと思ったということだ。しかしその「悪い思い」を打ちけして、全部交番にとどけたら、あとで皆にほめられ、おまけに三万円もらったりしたというすばらしい結果になった。

「本心」はどこに

人は時々、ちょっと悪いことをしようと思うこともあるが、それを「いけない」と叱ってくれる心がある。それは人間の心の奥の「本心」とか「良心」とか言われるもので、この正しい心が人間の本当の心である。だから「本心」ともいう。ちょっとごまかそうとか、インチキをしようという心は、ニセモノの心であって、この心は「本心」ではない。しかし「本心」は神の子・人間の心であるから、常にこれを引き出して来て、ニセモノの心を引っこめることだ。引っこめたら、まだどこかにアルように思うかも知れないが、本当はどこにもないのだ。丁度暗闇《くらやみ》のようなもので、アルようだがナイから、光（つまり良心）をもって来ると、パッと消えてしまうのである。

ではどうしたら良心や本心を引き出せるかというと、先ずそれがアルことを知っていなければいけない。つまり自分は神の子である。人は皆神の子であり、それが本当の世界（実相）だ――と認めていないと引き出しにくい。例えば引出しから物を取り出す時でも、引

郵便はがき

料金受取人払郵便

赤坂局
承認
8301

差出有効期間
2017年11月
19日まで

107-8780

235

東京都港区赤坂
9-6-44

日本教文社

愛読者カード係行

ご購読ありがとうございます。本欄は、新刊やおすすめ情報等のご案内の資料とさせていただきます。ご記入の上、投函下さい。

(フリガナ)

お名前

男·女/年齢　　歳

ご住所　〒

都道府県　市区町村

電話　(　　)　e-mail　@

ご職業·在校名　ご購読新聞·雑誌名

下記の弊社刊の月刊誌を購読されていますか。

□いのちの環　□白鳩　□日時計24

(見本誌〈無料〉のご希望　□いのちの環　□白鳩　□日時計24)

下記のものは無料でご案内致します。

新刊案内のご希望　□ある□ない　おすすめ情報の案内のご希望　□ある□ない

図書目録のご希望　□ある□ない　メルマガの購読のご希望　□ある□ない

愛読者カード

今後の参考にさせていただきます。本書のご感想・ご意見をお寄せ下さい。
お待ち致しております。

◇今回ご購入された図書名

◇ご購入の動機

1. 書店で見て
2. インターネットやケータイサイトで
3. 日本教文社の案内を見て
4. 日本教文社の月刊誌を見て
5. 新聞広告を見て（紙名　　　　　　　）
6. 人に勧められて
7. プレゼントされた
8. その他（　　　　　　　　　　　）

◇ご感想・ご意見

＊いただいたご感想を小社ホームページ等に掲載してもよろしいですか?
□はい　□匿名またはペンネームならよい（　　　　　　　）　□いいえ

◇今後お読みになりたいと思う本の企画

◇小社愛読者カードをお送り下さるのは今回が始めてですか。
□はい　□いいえ（　　回め）

◆ご注文カード◆

書　名	著者名	定価	冊数

＊ご注文は郵便、お電話、FAX、e-mail、ホームページにて承ります。
＊国内送料：一件1500円以上＝送料無料、1500円未満＝送料210円

◇ご記入いただいた個人情報は、当社出版物の企画の参考とさせていただくとともに、ご注文いただいた商品の発送、お支払い確認等の連絡および新刊などの案内をお送りするために利用し、その目的以外での利用はいたしません。

日本教文社
TEL03-3401-9112　FAX03-3401-9139
http://www.kyobunsha.jp

＊アンケートはPCやケータイ、スマートフォンからも送ることが可能です。

出しの中にその物がアルと知っていないと、取り出せないだろう。それと同じで、自分は悪人であって、ドロボーでヒネクレ者だと思い込んでいると、中々本心が出て来ないのである。

では心は一体どこにあるのか。肉体の中をさがしても、頭の中を解剖《かいぼう》してみても、どこにも心は見出せない。それは心が物質とはちがうからであり、それは肉体をこえた世界の〝もの〟だからである。

もっとも「悪い心」も物質や肉体ではないから、どこかにあるようであっても、いくら探しても見出せないだろう。つまり心は物質世界をこえた高次元の世界の現象だが、悪い心は「本心」ではない。「本心」はもっともっと高次元の、つまり無限次元の、神の国の心であって、神の子の心、神の心と言われ、「神」ともいうのである。だからいくら「悪い心」や「汚れた心」があるようでも、それは本当にアルのではなく、ただアルように見えている〝影〟だ。それに引っかかって、悪い心に従ってはいけない。最初にあげた中一の子は、その悪い心を打ち消して、本心に従ったから、すばらしい結果になったのだ。

無限力がある

さてこの無限次元の、神の子の心、即ち神の心のことを、「わが内なる神」と呼ぶことがある。それは神がわが内の、どこか一部分にいて、その他に悪い心やいじわるの心もグジャグジャあるというわけではない。「わが内なる神」が「本心」であり、これが全ての全てなのだ。それを認めて引き出すために、（つまりこの現象界にあらわし出すために）コトバで強く唱《とな》え、神の国のすばらしさを心に描く「神想観」が大切である。だから『新編 聖光録*』の一二四頁には「最も簡単にして本質的な神想観」として、こう書かれている。

『わがたましいの底の底なる神よ。無限の力よ、湧き出でよ！

（と呼びかけて、「私は無限の力に護《まも》られているんだ！ 人間、力は無限力だ」と数回心の中で一心に繰返す。）』

つまり「神想観」というのは、とても大切な瞑想《めいそう》法で、実相世界（神の国）の完全な光景を心の中でアリアリと描く行事であり、生長の家では毎日実行する。主に自宅で、朝と夜と二回ぐらいするのがよいが、その一番簡単なやり方がこれだというのである（本当は朝と晩と三十分ぐらいやるとよい。長時間続けてやるのが良いというわけでもない）。ことばも、本式の神想観（テープにある）がよいし、一字一句この通りでなくてもよい。「わが内なる神」を、自分の全てであって、現象界にあらわれていない神心をも現し出そうというのである。そうすると、次々にすばらしいことが起って来る。こうして全てよい行いは、よい結果を生むのである。

投書の例では、わり合《あい》早く三万円が入って来たようだが、家族や人々にほめられ、「すばらしい」と認められるのは、お金では買えないもっと嬉しいことだ。しかしよい行いの結果は、こんなにすぐ現れて来ないことが沢山ある。ずっと後になって、昔の善い行いが良い結果を生み、よくない行いは悪い結果を生み出してくることも、よくあることだ。それは何年も先のことであったり、時には年とってから現れるとか、生れ変った次の世（次《じ》生《しょう》）に現れるということもあるから、決して一時のがれに「恰好よくごまかそう」などと考えてはならない。本当の「恰好よさ」は神の国にのみある。本当の自由も、幸福も、平等も、全て「神の国」にあるのだということを知らなければならない。

ところでもう一つ新聞記事から例を引くと、平成七年八月二十八日の『読売新聞』の〝人生案内〟欄に、こんな質問がのっていた。たばこの悩みについてだが……

『二十五歳の主婦。高校生のころに始めたたばこがやめられず困っています。

「彼ができたらやめよう」「結婚したらやめよう」と機会あるごとに試みてきましたが、いずれも失敗。妊娠が分かった今でも、イライラするよりはいいだろうと自分を甘やかしてしまい、一日三、四本吸ってしまいます。

主人は結婚前に禁煙に成功しており、初めのうちはたばこを見つけたら捨てるなどの協力をしてくれました。しかし、最近は私が隠れて吸っているので気がつかないのか、見て見ぬふりをしているのか、何も言いません。

おなかの赤ちゃんにも悪いし、主人にも後ろめたく、それでもたばこに執着する自分が嫌で、考え出すとイライラしてまたたばこを吸ってしまいます。

（神奈川・R子）』

禁煙

近頃は中学生くらいの年齢でも、たばこを吸っている少年少女がいる。学校では禁じられているし、法律でも禁止されている年齢だ。それでもかくれてのむというのでは、身体に害があるし、精神的にもとてもよくない。だからのむなというのである。これは校則で制服の寸法が長いとか短いとかと制限するのと、根本的にちがっている。ことに女性は妊娠すると、たばこの害が胎児《たいじ》の成長に影響することが分って来ている。又赤ん坊は、父や母が喫煙していると、その部屋の空気を吸うから、やはり害になる。だから少年少女時代から吸いだすと、くせになってしまって中々やめられず、二十五歳になってからそのくせをやめようとしても、中々やめられないという結果になって苦しんでいるのだ。

　しかしこのR子さんは、「やめよう」と思って努力するところがすばらしい。この内心の声は内なる神の声であり、これを「吸いはじめるころ」にも聞いたはずだ。ところがその時はこの声を押し殺して、「のめよ、吸えよ」というつまらぬ他人の声に耳をかたむけてしまった。自発的に吸ったようでも、それは本当の心ではなく、外見や仲間の様子をマネただけのことだ。これを小さなことだと思ってバカにしてはいけない。小さな声でも「内なる声」を聞くクセをつけていないと、やがて年をとるにつれて、「本心」ではないニセモノの心にどんどん引きずられ、大きな問題で苦しむことになる。

さてこの質問について精神科医の保崎秀夫さんは次のように答えておられた。

『せっかく禁煙に成功したご主人がそばにいるのですから、ざっくばらんに自分の今の姿を話して協力してもらうようにしたらいかがですか。おそらくご主人もあなたがやめられないことを察していると思いますが、妊娠中でもあり、きつく言うのを遠慮しているのかもしれません。

妊娠の間はたばこをやめるいいチャンスですから、周囲の人にも「禁煙宣言」して、たばこを吸っていたら「やめなさい」と注意してもらうのがいいでしょう。あなたもつらいでしょうが、アメをなめるなど口寂《くちさび》しさを紛らわす方法を工夫してみてください。

また最近、病院によっては禁煙のための相談を受け付けているところがありますから、相談してみるのも一つの方法です。』

相談しよう

ご主人が禁煙の経験者だというから、このR子さんも〝たばこ〟ぐらいはきっとやめられるにちがいない。身近な人に相談するというのは大変よいのだ。幼いころから先ず親に相談することを練習しておくと、とても良いことが沢山おこって来るものである。中学生ぐらいになると、とかく親から独立したい気持が出て来て、相談ごとが少なくなるが、いじめでも、タバコでも何でも、とにかく相談しておくと、決して悪い結果は出て来ない。なぜなら、「大調和の神示*」の中にあるだろう――

『汝らの兄弟のうち最も大なる者は汝らの父母である。神に感謝しても父母に感謝し得ない者は神の心にかなわぬ……』

神はわが内にいたもうし、また外にもいたもう。何故なら、神こそが全てであり、神のいまし給わない所はどこにもないからである。だから神は、アフリカにも、ロシアにもいたもうし、月にも星にも、宇宙空間どこにでも、高次元にもあらゆる所にみちあふれているのである。しかしちょっとした心配事や、たばこをどうするか、このいじめはどうしたらよいかなどは、アフリカやロシアの人に相談するより、父や母というもっとも身近な「神の声」にきくとよいのである。そして「わが内なる神」を強く、明るく、勇敢に呼び出して、晴れ晴れとした人生を送ろうではないか。

＊『新編 聖光録』＝全神示を冒頭に、神想観や浄心行、誦行などの行法の全てを網羅。信徒の心得べき要目一切を手軽な文庫判におさめた生長の家信徒必携の書。（谷口清超監修、生長の家本部編、日本教文社刊）

＊「大調和の神示」＝生長の家創始者・谷口雅春大聖師が昭和六年に霊感を得て書かれた言葉で、この神示の全文は『甘露の法雨』『生命の實相』（第1巻）『新編 聖光録』『御守護 神示集』（いずれも日本教文社刊）等に収録されている。

Ⅳ　小さな善からはじめよう

1 深切にしよう

よいことをする

この世の中は、楽しく送らなくてはいけない。しかし、その楽しみは、ひとに迷惑を与えたり、ひとを困らせたりするのでは、本当ではなく、何となく心苦しくなるものだ。それは人の「本心」が神様や仏様の心と同じだからである。

そこで、一番楽しいのは、人に深切（親切とも書く）をしたときだ。道に迷った人に、ちょっと道案内をしてあげるだけでもよい。いやもっとカンタンなことで、道ばたに落ちているゴミや空カンを拾うだけでも、町や村の人たちに深切をしたことになり、楽しいものである。平成十一年四月十五日の『読売新聞』には、川崎市に住む十一歳の曽我ひとみさんという小学生が、こんな投書をしておられた。

『最近、身のまわりやいろいろな場所で、何か気が付くことはありませんか。私はエチケットに欠けている人が多いのではないかと感じています。

それは、空きかん、たばこのすいがらなど、さまざまなものが道ばたに捨てられているからです。特に多いと感じるのは、駅のホームや階段に落ちているガムやすいがら、観光地での空きかんやごみなどです。

去年の夏休み、私は自由研究で多摩川の水質調査をしました。多摩川と平瀬川の合流地点に、ビニールや空きかん、ボールなどいろいろなごみが流れついているのを見て、とてもきたないなと感じました。

「ちりも積もれば山となる」ということわざがあります。一人一人が自分だけよければいいという考えをなくし、小さなことから気を付けるよう心掛ければ、いろいろな場所がよごれることなく、みんなが気持ちよく暮らせるようになると思います。』

たしかにそうだ。一人ひとりが気のついた「よいこと」をすればよい。しかもその中の一人は「自分だ」と気がつき、一日に一つでも「深切をしよう」と思って、実際にやり出せばよいのである。又このひとみさんのように、気のついたことを人々に伝えたり、投書するのもよいことである。

ほめることを始めた

こうした「よいこと」や「深切」にも色々あるが、ちょっと気づいて「ほめること」も大変に「よいこと」である。多くの人の中には、「自分はダメな人間だ」などと思い込んでいる人もいるから、その人のよい所を見てほめてあげるのも、深切な行いである。平成十一年四月十七日の『読売新聞』には、横浜市の佐藤直子さんという若い奥さんが、こんな投書をしておられた。

『小学三年の息子は小さいときから、個性的で、興味の対象も独特な子供でした。幼稚園のころはまわりがゲームやアニメに夢中になっているのに、道路地図を見るのが大好きで、いつも夢中になっていました。息子は当然、浮いた存在になってしまいました。

いつもグループに入れてもらえず、隅《すみ》っこでポツンとして悲しそうな目をしていました。そんな息子の姿を見るのは私にとってとてもつらいことでした。

その後、引っ越しのため、息子は、知っている子がだれもいない小学校に入学しました。私は、息子がまたクラスの中で孤立し「変なやつ！」といじめられるのでは……と心配しました。

しかし、担任の先生は、息子の個性をとても理解してくれました。「○○君のこんなところがすごいよね」などと言って、クラス全員が互いを認め合うように導いてくれたのです。おかげで、息子はすんなりと受け入れられ、クラスに溶け込むことができました。

それから息子はみるみる変わっていきました。いつもオドオドして伏し目がちだったのが、目が生き生きと輝き出し、活発になりました。初めて自分に自信が持てたのです。お友達もたくさんでき、楽しい学校生活を送っています。二年間受け持っていただいた先生には、感謝の気持ちでいっぱいです。

どんな子にも必ず「良いところ・得意なもの」があります。それをみんなで認め合い、クラスでの居場所を作る……これは学校だけでなく、家庭でも大切なことだと思いました。』

こんな〝ほめる人〟が沢山出て来られると、世の中は明るくなり、日本の国も、「深切なモハン国」になることは間違いないだろう。先生になるにはまだ年が若すぎると思う人は、小さい時から「よいこと」や「深切」の練習をはじめるチャンスが一杯あるのだから、これも大変よい条件だ。どんな練習でも、小さいころや若いころから始めるのが、上達の秘訣といえるのである。

しかも、どんな練習でも、やり易《やす》い所から始めるのがよい。音楽でも、ベースボールでも、初めは簡単なことから始めるだろう。いきなり難しい曲をはじめるわけには行かない。だから「深切をする」のでも、やさしいことから始めると段々上達して来る。カンカラを拾うのでも、はじめはたった一つだけ拾えばよい。しかも人の目につかない所でなら誰でも拾える。捨てるのでも人目につかない所でやり始めるから、その逆をやればよいのだ。

物を大切に

さらに又、古い物を大切に使うのも、地球の資源を大切にする「よいこと」であり、全ての生物に対する深切である。平成十一年四月二十六日の『毎日新聞』には、佐々木敏留という札幌市西区の公務員さんの、こんな投書がのっていた。

『わが家には、骨とう品とも言うべき28年前に購入したテレビがある。それは、現在、二男が自分の部屋で使用している。

さすがに色彩は鮮明でなくなったが、画像だけははっきりしている。お客さんが来宅するたびに見せると、物珍しそうに眺《なが》めて、驚きの声を発する。それもそのはず、木枠のテレビである。

このテレビは、長男が生まれた時、いまは亡き母が記念に買ってくれたものである。買った当時は、まだ一般には普及していない、最新式の14《チ》《イン》のテレビであった。

最近の若者は新しもの好きであるが、わが家の二男は、このテレビに愛着をもっているらしく、「新しいのに換えようか」と言うと、「これでいいよ」と使用している。

ものが豊かになった現代社会は、新しい製品が売り出されると、すぐに飛び付くのが若者心理であるが、「清貧《せいひん》の思想」を貫いている二男には感心している。』

私の家にも十四インチの白黒テレビがある。洗面所に置いてあり時々見ていたが、鏡の中の映像を見ていると、左右が逆に見えて、とても面白い。音声はしっかりとして正確に聞こえる。今は暗室に入った。ついでに言うと、ずっと昔のカメラで焦点合わせをするのに、後部にはめた焦点板（ガラス）を布をかぶって拡大鏡で合わせる形式のものを使っていたが、これも天地が逆になった映像合わせをする。慣れてくると、この大きな映像を見るのがとても楽しくなる。しかも拡大鏡で正確に合わせられ、絵を描く楽しみと似てくるから、不思議な楽しみだ。（これも今は中古店に売って、デジタルカメラに替った）

資源をまもる

こうした古物でなくても、樹木を大切にしたり、植物を植えたりするのも、地球に対する深切な行いで、大気の汚れをふせいで〝地球温暖化〟の防止に役立つから、大いにやるとよろしい。それが全人類や全生物への大きな深切でもある。しかも若い人が深切をしたり、よいことをすると、大人たちはそれを見て大いに感激する。「わが国の将来も、大丈夫

れかえて、だな」と思い、涙ぐむ人もいるのである。だから大人の救いにもなり、大人たちも心をい

「ゴミを捨てまい」

と思ったり、

「タバコをやめよう」

と思ったり、

「資源を大切にしよう」

と思ったりするのだ。世の中は日に日に便利になり、それにつれてガソリンや電気をふんだんに使うようになった。しかしこれにはつねに「大気の汚染」という弊害《へいがい》がともなうものであるから、どんな人でも電気のつけっぱなしはしないことが大切な〝よいこと〟だ。


平成十一年四月十二日の『毎日新聞』には、大阪市此花区に住む余くんという小学生が、こんな投書をしていた。

『最近、エンジンをかけっぱなしで止めている車をよく見かけます。

走っている時に出している二酸化炭素（CO_2）だけでも、すごい量だと思うのに、止め

ている時にCO_2を出すなんて、今の地球の環境からして、許されることではありません。地球の温度は、21世紀末には2度ほど上昇するという試算も出ています。「なんだ、たったの2度か」と思われるかもしれませんが、これは大変なことです。

もしも、このまま地球の温度が上がっていくと、北極や南極の氷山がとけて、いくつもの島が海に沈んでしまうそうです。

車のエンジンを止めることなんて、操作一つで楽にできます。しかし、温暖化した地球を元にもどすのは、たとえ現代の科学でも容易なことではありません。

だから、ぼくたち一人一人が力を合わせていかなければ、尊い地球を守ることはできないのです。』

あいさつと返事

だから皆さんは、自分の使っている自転車が古いとか、電話やラジオやテレビや机が古いといって、不足に思ってはいけない。それは「資源を大切にしている」よい行いなのである。そして父母や、全ての人々に対する深切行でもある。

人に対する深切は、人にものをあげたり、手助けをしたり、乗り物で席をゆずってあげることだけではない。これも大切だが、まず〝やりやすいこと〟と言うと、人から何か声をかけられたりするとき、

「ハイ」

と返事をすることだ。黙っているのは、相手をムシしているのと同じで、気持がわるい。しかもソッポを向いて黙っているのでは、聞こえたのかどうかも分からない。だから、なるべく相手の目を見て返事をするようにしよう。これが相手に対する礼儀であり、深切行なのである。

次にもう一つ、簡単なことだが、朝ばんのアイサツのことだ。家の人でも、兄弟でも友だちでも、朝出あったら「おはよう」とあいさつをする。そしてニコニコしていると、とても気持よく一日を送ることができる。夜ねるときも、あいさつをするとよい。

もしどこかで人とぶつかったりしたら、必ず「ごめんなさい」とか「すみません」とかと言葉を出す練習をしよう。そうしないと、世の中が気まずくなり、相手とケンカしそう

にもなって、とても暗い社会になる。

人はみな使う「コトバ」によって人生を作って行く。明るいコトバや明るい表情は、その人の運命をよくし、幸運の扉をひらくのである。最後に参考のため「こんな人もいるよ」という例をあげておこう。平成十一年七月五日の『毎日新聞』の小林洋子さんの記事だが。

『出張帰り。ほとんど満席の新幹線に乗りこむ。私の席には若い男が座っていた。すみませんが、と声をかけると無言でさっと席を立って隣に移った。3人がけの席に3人連れで座っていたその親子は、後から来た私の席が3人がけの窓際だったために、若いお父さんが隣の2人がけの通路側席にはみ出た形になった。

「あの、そちらの2人がけの方の指定券をお持ちなんでしょう？　席替わってあげましょう。私は窓際でなくても構いませんから」

そう申し出ると、20代のお父さんは「ども」と小さく会釈して、3人がけの席に戻った。

次の駅でまた乗客が乗ってくる。アタッシェケースを抱えたスーツ姿の男が私の横で立ち止まった。手に持った指定券と車両の座席表示番号を見比べて露骨に嫌な顔をして立ちすくんでいる。「え？（私の座っている）この席なんですか？」と聞くと無言でうなずく。

先ほどのお父さんの席ではなかったのか。通路をはさんでこちらの様子を見ている親子に再び声をかけた。

「失礼ですが、この席の指定券をお持ちではなかったのですか」

若い父親は「はあ」とだけ言って、隣の車両に移っていった。「パパ行っちゃヤダ」。むずかる子供に「パパはおタバコ吸う席なの」と若い母親。そうならそうと初めから言ってくれ。結局一人でしゃべりバタバタと2度も席を替わった私はただの騒がしいオバサンではないか。世の中、一言足りない輩《やから》が多すぎる！（コラムニスト）』

2　人生にムダはない

ゴミのクッション

さて平成十一年六月九日の『産経新聞』に、次のようなカコミ記事がのっていた。

『東京都練馬区で、八階建てのビル屋上から二十三メートル下の地面に転落したタイル工の男性（二三）が、捨てられたのぼり旗の束などがクッションになり、奇跡的に軽傷を負っただけで事無きを得た。

八日午後三時五十分ごろ、練馬区南大泉三ノ二七ノ一八、「ハイシティー南大泉」の屋上で、作業中のタイル工の男性が足を滑らせた。男性は二十三メートル下に落ちたが、地面にはビル一階のカメラ店がゴミ用に出した約二十枚ののぼり旗と発泡スチロールがあり、男性は全身を打ったものの軽傷。

東京消防庁と石神井署の調べによると、屋上にはフェンスや手すりはなかった。男性はタイルの張り替え作業中で、身を乗り出した際、足を滑らせたらしい。』

私はいろいろのところで、道ばたにゴミを捨てるなという話をしたり、文章に書いたりしてきた。山にも川にも、海にも捨てないでほしい。地球は今にゴミの山で住めなくなる。ゴミの中にも、まだ使えるものもまざっている。今朝のラジオ（ＮＨＫ）でも、拾った電池の中に、まだ使える電池がいくらもまざっていたという放送があったくらいだ。

ところが、この記事の人は、ビルの屋上から足を滑らせて二十三メートルも落ち、地面に捨てたゴミのクッションによって、やっと軽傷ですんだというから、ゴミもまた「捨てたものではない」という訳だ。しかしいつでもこう「うまく行く」とは限らないから、やはりゴミは捨てないようにして、捨てるにしてもちゃんと捨てる場所に捨てることが望ましい。

しかし、この時、もしこの〝旗のゴミ〟がなく、道ばたがきれいに掃除されていたとしよう。するとこの落ちた人は、多分助からないだろう。何しろ二十三メートルも落ちたのだから。しかし人は肉体が死んでも、本当の「心」は魂であって、死なないのである。だからこの体験をもとにして、次の生れ変りでは、もっと足もとを注意して仕事をするように学習するし、地上に残った人々も、ビルの上には落ちないように柵《さく》をすることを「強く教えられた」ということになるだろう。

車内にて

このように、この世では失敗したり、傷ついたり、病気したり、落ちたりすることもあるが、これらは決して決定的な失敗ではない。〝貴重な教訓〟がふくまれている経験だから、決してムダではなく、大切な〝教材〟だ。そのような実例は沢山ある。だから私はかつて『無駄なものは一つもない』*という本を書いた。

この本は練成会などで出張した時に、参加された人々との間での「人生問答」を集めたものだから、ついでに読んでいただくとありがたい。さらに又、次のような『毎日新聞』

（平成十一年五月二十四日）の記事も参考になる話だろう。小林洋子さんというコラムニストの書かれたものだが――

『その日乗った車両にはアジア系外国人の団体が乗っていた。旅行客であろう。みやげ物をたくさん抱えてくたびれた様子である。通路をはさんだ座席の端と端とでかわされる会話はどうしても声が大きくなる。まったくわからない言葉が自分の周囲を飛び交い、ときおり彼らがいっせいに声をあげて笑うのは、正直いってあまり気分の良いものではなかった。

「うるさいわねえ」

小声でつぶやいて団体客の方を睨《にら》んでいる女性もいる。適当に込み合っている車内に、次の駅でお年寄りが乗ってこられた。すると、驚くべきことに、外国人の若者、子供たちがさっと立ちあがったのだ。どうぞという身ぶりで皆自分がかけていた席を指《さ》す。お年寄りは、みんなありがとね、と声をかけて一番近い席に腰をおろした。皮肉なことにその時シルバーシートに座っていたのは、マンガ本を開いている若者と口をポカンと開けて手元の電子ゲームに熱中している子供、いずれも日本人であった。彼らはお年寄りが入ってきたことも、自分の同じ年ごろの外国人たちがいっせいに立ち上がって席を譲《ゆず》ろうとしたことも、おそらく気がついていない。

恥ずかしかった。「うるさいわねえ」のご婦人も同じ思いなのであろうか、赤面して下を向いている。こういう子供や若者がそのまま成長して社会に出る。だから、企業では幼稚園児に教えるようなことから教育せねばならない。日本の教育はいったいどうなってしまったのだ!』

電車やバスの中で大声で話し合う中学生や高校生も沢山いる。大声で笑ったりすると、車内に彼らの声がひびきわたると、ウルサイと批判されるのだ。しかしそれでも、この外国の若者の団体は、次の駅からお年寄りが乗ってくると、一せいに立ち上がって、席をゆずろうとしたというから、すばらしい。

しかもこのお年寄りは、「みんなありがとね」といって、座席に腰かけた。これもお礼を言って素直に腰を下ろしたのだから、若者たちの好意を快く頂いたわけで、良識のある人であった。さらに又、これに反して、同じ車両にいた日本の若者たちはどうだ。シルバーシートに座ってマンガを読んでいたり、口をアングリとあけてゲームに熱中したりしているとは……

古い機械

これを見て、周囲の大人たちは恥ずかしかったというから、この情景は小林洋子さんと共に、

「日本の教育はいったいどうなってしまったのだ！」

と教えているのである。これらの若者はあまりに利己的であると、必ずほとんど全ての外国人は思うし、日本人でも心ある人々はそう思っている。しかしこのような若者や子供を育てた人たちは、まだ気付かないかも知れない。というのは、彼らがそのように子供を仕立ててあげたのだから。学校の先生方も、このような親と同じ考えで、自由と平等をハキチガエた人達が多かった。


けれども、日本の若者みんなが、こんな利己主義者ばかりではなく、深切で行きとどいた人たちもまだ沢山いる。私は毎日そんな人たちを見つけたい思いで一杯だ。まるで「掘

り出し物市場」を歩いているような感じだ。私は以前にも書いたことがあるが、古い機械やカメラや、電気製品なんかが好きだ。だからテレビなども、うちには白黒のがまだ生きて動いている。ビデオでも、昔のソニーの〝β型〟のものが、まだ生きている。あまり使わないが、ムダな機械とは思えないので、私の部屋でカッコウよく居座っている。

かつて、渋谷の東横デパートで、「世界の中古カメラフェア」と名づける展示即売会があったので、行ってみることにした。近くの原宿駅からJRに乗って、渋谷駅まで行ったが、その日は昼近くで、JRの山手線はだいぶ混んでいた。当時の秘書の中林さんと一緒に行き、吊り革にぶら下がっていると、すぐ近くに座っていたOLさんのような娘さんが、

「どうぞ」

といって席を立ってくれた。私は、

「ありがとう。でもすぐ次の駅で降りますから」

といって、お礼を言ったが、彼女は、

「でも、次の駅まででもどうぞ」

と重ねてすすめてくれた。そこで私は、大いに感謝して、彼女にお礼を言って、渋谷駅

まで腰を下ろした。そして二、三分して渋谷で降りるとき、さらに彼女にお礼を言って、その中古カメラフェアに行った。

こんな深切で愛のある人に出あうと、とても嬉しい一日となる。さらにその少し前には、総本山の団体参拝練成会*からの帰りに、羽田空港から乗った京浜急行の電車で、品川駅まで行って、ＪＲの山手線に乗りかえた。すると、京浜線は空港始発だったから空いていたが、品川からの山手線は混んでいて、この時も中林さんと一緒に立って、吊り革にぶら下がっていた。するとすぐ前に腰かけていたサラリーマン風の男性が、スッと立って座席をゆずって下さった。この人は渋谷駅で降りたが、その時網棚から沢山の荷物を下ろして持って行った。ありがとうとお礼は言ったが、このような若い人たちが沢山育ってくれると、日本の将来も大変明るく、世界の人々からも大いに期待される国に成長して行くであろう。

古いレンズ

そのころ羽田空港からなぜ電車で帰ったかというと、自動車道路が大変混んでいるという報告だったからである。自動車の高速道路がいくらできても、それだけではなく、昔ながらの電車が役立つことがいくらでもある。電車の方が正確で、排気ガスが出ないだけ、地球の保護には役立つからでもある。

さて「中古カメラフェア」に行って、色んな古カメラを見ていると、マミヤRB67のボディーを何種類か売っている店があった。昔から発売されている中型（一二〇型フィルム用）のカメラだが、まだ使ったことがなかったので、その一つを買って帰った。レンズはついていないが、昔から私が持っていたヘリアーというレンズが使えると思ったので、ボディーとフィルム・ホールダーだけを買った。

このヘリアーというレンズは、昔々、故徳久講師が飛田給道場*で活躍していたころ同氏から買ったレンズで、F四・五の焦点距離一三五ミリのもので、大型レンズとしても使えるものだ。これは同じ長さのマミヤRB67の専用レンズにくらべて大変軽いので、操作には手数がかかるが、色々工作をしてやっと使えるようになった。するとヘリアーという古レンズも、まさに現役として生きて来たのだった。

さらに、その頃私の使っていたホースマンもすぐれた古いカメラだが、これは冠《かぶ》り布をかぶって、後ろからピントガラスをのぞいて撮る形式のカメラだ。そのVH（R）型には専用のフィルム・ホールダーの67型と69型が両方使える。このように、世の中には数多く新品も出回っているが、古物も決してムダになるのではない。手がこんで自働的でないだけ、手や頭の訓練に役立ち、「重い」ということも、運動の足《た》しにはなる。

とにかく若いうちは、〝訓練〟にせいを出すことが大切だ。人間は無限力の持主だが、その力は訓練しなくては現れて来ない。どんな天才でも、練習や訓練を通して、はじめて光り輝いてくる。その訓練は、必ずしも有名学校へ行かなければできないというものではない。入学に一ぺん失敗したから、もうダメということもない。ただ怠けていて、

「楽をするために有利な職業につきたい」

というだけでもダメだ。仕事をなまけて、のんびりと休んでいるというだけでは、どんな能力も隠れてしまって、出て来ないからである。

のんびりと

平成十一年四月二十七日の『毎日新聞』にはこんな記事ものっていた。「なまけものの哲学」という題がついていたが、記事の前半に、面白いことが書いてあったので、そのところだけを紹介しようと思う。

『南海の楽園へ行った文明国、おっと先進国、かの人間のこばなしは知っているだろう。原住民があまりノラノラしているので、業《ごう》を煮《に》やし、

「キミたち、もっと働いたらどうだ」

「働くとどうなるんで……」

「収入が増えて生活がゆたかになる」

「具体的には……」

「ノンビリ好きな時に寝ていられる」

「それならもうできている」（後略）』

会話の部分は、改行して、なるべく分かりやすいように書き直したが、つまりノンビリするだけでは、未開の人の生活と同じで、あまり進歩はない。別に働かなくてもよい、休日さえ沢山とればよいということだけでは、未開発国の住人の方が〝先覚者〟ということになるだろう。しかしこれでは、人間の持っている才能、神の子・人間としての無限力が、少しも出て来ないまま一生がおわり、宝の持ちぐされということになるではないか。

しかし本当のノンビリとは、思いわずらわず、人マネをするのでもなく、自分の今やりたいこと、自分の「本心」の命ずることを、そのまま、ひとりでに、素直に、明るく、のびのびとやることである。そこで「本心」という「神の子の心」を聞く「神想観」を、毎日やることが、とても大切になる。すると外見はノンビリしているようでも、ひとりでに何もかもうまく運ぶようになり、ムダのない人生を楽しく送ることができるのである。

＊『無駄なものは一つもない』＝谷口清超著。（日本教文社刊）
＊団体参拝練成会＝生長の家総本山に教区単位で参拝し、受ける練成会。
＊飛田給道場＝東京都調布市飛田給二－三－一にある生長の家本部練成道場。

3 世界平和のために

神の国のこと

世界が平和であることは、誰でも望んでいるだろう。もし「戦争の方がいい」と言う人がいるとしたら、それは特別事情のある人たちで、一時的なものだ。例えば自分の国にほとんど産業がなく、軍人としてしか仕事がみつからない人、タリバン政府崩壊後のアフガニスタンにおける一部の兵士のような人だけのようだ。

ではなぜ「平和」が望ましく、「戦争」がいやなのか。それは神様がおつくりになった世界、「実相世界」「実在界」が、平和な満ち足りた世界そのものだからである。そこには戦争もなく病気もなく、貧乏も争いも、ドロボーもいないのだ。

「でたらめを言うな。そんな世界はどこにもないぞ」

と言うかも知れない。しかしナイのではなく、アルけれども見えないだけである。その訳《わけ》は、「神の国」「実在界」は、五感・六感を超越しているからだ。そのことは『甘露の法雨』の最初のところに、

『創造の神は
五感を超越している、
六感も超越している……』

とあるように、目・耳・鼻・口・皮膚（五官）では感じられず、六感（霊的感覚）でもとらえられないからだ。そこで神様でも仏様でも、見えないし、その声も聞えない。神様のお像や、仏像は沢山作られているが、それはただ神様を仮に形に表して拝礼するために作られた「道具」である。

個人的にはお墓やお位牌や神棚のようなものと思えばよいだろう。それゆえイエス・キリストもこう言われたと伝えられている。

『神の国は見ゆべき状《さま》にて来らず。また「視《み》よ、此処《ここ》に在《あ》り」「彼処《かしこ》に在り」と人々言わざるべし。視よ、神の国は汝らの中《うち》に在るなり』（ルカ伝一七章二〇―二一）

われわれの中にあるのが「神の国」だから、人間は全て神であり、神の子であると教えられたのだ。人の子は人であり、神の子は神だ。それゆえ日本の神道では、人を神としてお祭りしているし、仏教では人を仏として礼拝するのである。

引っかからないこと

そんなわけで、人はみな神の国に住む神様だから、平和を愛し、戦争や病気や死は好まない。ところが現実の世界には、戦争や病気が起ってくるし、そのため苦しむ人々も沢山いる。どうしてかというと、現実世界は本当にアル世界ではなく、われわれが五感や六感で感じたり測定したりしている〝物質界〟だからだ。

だから本当の「平和」はこの物質界には見えていない。そこで「平和」になったと思っても、すぐ又「戦争」が起ったりして、不完全な現象ばかりが現れてくるのである。そして貧乏で苦しんだり、病気で苦しんだりする人びとが沢山見える。これはちょうどピンボケの写真を見ているようなもので、本当の「実在」がそこに映っていないからだ。

では一体どうしたらよいのだろうか。

わかりやすい話をすると、写真でピンボケをとったときは、もっと練習して、ピントの合った写真がとれるように努力する。そして色でもハッキリと本物の色が出るように工夫するに違いない。するとだんだん本物に近づいてくるのである。

しかしいくら本物に近づいても、写真だと二次元の世界だから、三次元の肉体のようには写らない。さらに肉体でも、〝肉体人間〟ではあるが、「神の子」のような実在（ホンモノ）ではないから、いろいろと欠点も見える。背の高さや、大きさや、能力も、「神様」らしくはない。そして時どき病気をしたり、死んだりもする。〝肉体人間〟の世界では戦争も起るし、もっと手近な例では、学校を落第することもある。

しかしながら本当の「神の子」は、そんな不完全なものではなく、生き通しのいのちであり、落第したりもしないのである。そこで次にやるべきことは、落第しない方法だが、これは三次元の考え方にもう一つ時間の次元を加えて、四次元の時空間の考え方を導入する。つまり、今年入学しなくても、来年入学すればよい。来年がダメでも再来年《さらいねん》があるよ……、つまりこうして四次元的な人生を考えて生活するのだ。

あるいはまた、「○○大学でなくてはダメ」などと考えずに、「△△大学でもいいじゃないか」、と考えると落第はしなくなる。それでも死ぬじゃないかというなら、〝肉体人間〟は死んでも、次の人生があることを知ることだ。次の人生からも、さらに何回でも生まれたり死んだりする。なぜなら、本当の人間は「神の子」であり、永遠のいのちだから、そのすばらしさがハッキリと自覚されるまで、こうして練習（人生修行）をくりかえしていくのである。

ところが中なかそれが分からない人が沢山いて、いろいろと思い悩みつつ引っかかり、〝肉体人間〟に執着する。財産や地位や体面などにも引っかかる。そうした執着を捨てなさいと、お釈迦さまは教えられた。いくら執着しても〝現象界〟は本来ナイのだから、ナイものにしがみついていても仕方がないだろう。人を憎んだり恨んだりするのも、そんな現象はナイ。そんな「無」をつかんでいて、人と争い、憎むのはつまらないではないか。

神のコトバ

そこでどうしても、「実相」のみが実在していて、現象はナイのだということを自覚する必要がある。その練習（修行）のために、われわれは肉体をもって生まれて来たのだ。つまり〝肉体〟は人生修行（人生学校の学習）の〝道具〟のようなものだ。〝物質はナイ〟ということである。それは「写真の人間」は本物でナイということであるが、「本物の人間」がどこにもいないということではない。本物は「神の国」と「神の子」であって、在り通しているのである。

この点がよくわかると、〝物〟の取り合いがなくなるから、自然に「平和」な世界が現れてくる。かつて「ワシントン条約」と「ロンドン条約」が結ばれて、日米英三国の軍艦の比率がきめられたことがあった。主力艦では米英がそれぞれ十に対して、日本は六という割合だった。その後の「ロンドン条約」では、巡洋艦やそれ以下の補助艦艇の制限がきめられたが、日本はどうしても米英に対して七割（七十パーセント）は必要だと主張した。

しかしイギリスとアメリカは「日本六割」を主張し、昭和五年四月二十二日にようやく七割弱（約六十九・七五パーセント）でまとまったのである。

ところがこのわずかな〇・二五パーセントの不足がケシカランという議論と、それでもよろしいという議論とで、日本国内は分裂し、ついに浜口首相の暗殺事件にまで発展したのだ。これもつまらない〝数〟に引っかかった人たちの迷い心の結果と言えるだろう。その上この反対論は、当時の明治憲法上の統帥権《とうすいけん》問題にからませて、これが後で一部軍人の独断から、支那事変以後の世界戦争にまで影響してきたのである。

そこで『声字即実相《しょうじそくじつそう》の神示』*では、こう教えられている。

『（前略）今は過渡時代であるから、仮相《かりのすがた》の自壊作用として色々《いろいろ》の出来事が突発する。日支の戦いはその序幕である。神が戦いをさせているのではない。迷いと迷いと相搏《あいう》って自壊するのだ。まだまだ烈《はげ》しいことが今後起るであろうともそれは迷いのケミカライゼーションであるから生命の実相をしっかり握って神に委《まか》せているものは何も恐るる所はない』（昭和七年一月十一日神示）

これは「実相の言葉」の大切さを示されたところであり、神の国のコトバには、やっつけろとか、戦えとか、バカヤローなどという闘争のコトバはなく、「ありがとう」とか、「すばらしい」とか「おめでとう」などといった〝讃嘆のコトバ〟があるのみだということである。

だからわれわれが「平和」を求め、戦いや争いをなくしようと思えば、平素からそのような「神のコトバ」らしいコトバを使い、真理のコトバを世界中にひろめて行くのが一番よいのである。これを和顔・愛語・讃嘆ともいう。コトバは表情や態度にも出てくるから、ツンとしていて、あいさつもしないようではだめなのだ。

「私は世界平和を求めるのだ！」

と言いながら、アイサツもしないし、笑うこともなく、いつもムッツリしている……というのでは、この現象界に平和などは訪れて来るものではないだろう。

ありがとう

例えば平成十四年六月十二日の『毎日新聞』にはこんな投書がのっていた。

『大学院生　古賀　朋子25（千葉市中央区）

成田空港で、サッカー・ワールドカップ（W杯）観戦に世界中から訪れる方々をサポートする通訳ボランティアを12日間行いました。

空港では国旗の色の服を着たアイルランド人、メキシコ人など各国のサポーター、一般の日本人利用者にも声を掛けられることが多く、充実した毎日を送りました。

しかし、多くの人と接しているうちにあることに気が付きました。外国の方はどんなに小さなことに関しても、必ず「ありがとう」と言ってくれました。

それに対して日本人は、ぶっきらぼうに質問だけをする方、そしてそのまま立ち去ってしまう方のなんと多いことか……。本当に驚かされると同時に、同じ日本人として情けなくて悲しい気持ちになりました。

W杯も大いに盛り上がり、国際交流が叫ばれている今こそ、このような小さなコミュニケーションに目を向けて大切にしていくべきではないでしょうか？

どの言葉よりも、今、日本語の「ありがとう」が聞きたいです。』

昨年はサッカーのワールド・カップでずいぶん多くの人たちが集った。しかし中には昂《こう》奮《ふん》のあまり、暴力をふるったり、車をひっくり返して焼いたりした人たちもいたようだ。こんな行為もみなコトバであって、これでは「平和」は中なかやってこないだろう。スポーツも、親善仕合であってはじめて平和に役立つのである。

よいコトバがどこでも使われると自然に神の国の姿が、この現象界にも現れてきて、いのちが大切にされ、人間ばかりではなく、全ての動物や植物のいのちも大切にされるようになってくる。やはり平成十四年六月十二日の『産経新聞』には、大阪府松原市の宮野真奈美さんという人の、次のような投書（アピール）がのっていた。

いのちの大切さ

『先日、学校から帰ってきた下の二人の子供が、子猫を抱いていて「飼いたい」と言います。「うさぎを飼っているので無理」と説明して、元の場所に返しに行かせました。戻ってくるのが遅いので、別れを惜しんでいるのかなと思っていたら、別の一匹が溝にはまっていたのを、後から帰ってきた兄と合流して救助していたらしいのです。

その後、洗面器にお湯をくみに来たり、牛乳を持ち出したりと、何やらバタバタしていました。

気が付くと、何人かお友達も加わり、段ボールに子猫を入れて、親探しを始めました。「子猫いりませんか！　飼ってあげてください」と大声を出しながら。途中、高校生風のお兄ちゃんから「お前ら、八百屋さんか」とからかわれたそうです。

そんな状況を知って、私はデジカメで子猫を撮影し、パソコンでポスターを作ってやりました。みんなは喜んで走って張りに出かけました。

門限が過ぎ、心配していると、「飼ってくれる人が見つかったよ。二匹一緒にだよ！」と満足そうな笑顔で帰ってきました。ペットショップで相談するなど子供ながらに知恵を出し合って、手分けして探したそうです。「よかったね、きょうはお疲れさま」とねぎらいました。

その夜、テレビをつけると、猫の虐待映像をインターネットで流した男が捕まったというニュースが流れていました。また、バラバラの猫の死体が発見されたとか、犬の変死体があったとも放送されていました。

私はしばらく呆然《ぼうぜん》としました。子供たちが小さな命を守るために走り回ったこととのギャップにショックを受けたのです。

命の大切さ、この当たり前のことが分かっていない人がいる。「異常」ともいえるこういう行為をする人が増えている――と感じるのは私だけでしょうか。

子供たちはとてもよい経験をしたようです。このまま成長していってほしいものです。人間でも小動物でも、虐待なんて痛ましい事件は、もう起きてほしくないと願います。』

このような動物への愛行でも、とても世の中のためになるから、もっともっと世界中の人々が仲よくなるように、よい言葉を世界中にひろめて行こう。そのよい言葉とは、「神の国」ばかりがある（実在する）のだという「真理のコトバ」であり、「人間は神の子だ」という「天下無敵」のコトバである。それを書いてある文章を、一人でも多くの人びとに読んでもらい、それを語り合う会合（誌友会など*）をふやして行こう。

それを、やりやすい所から、やりやすい人びとに、どんどん広げて行きたいものである。

＊『声字即実相の神示』＝谷口雅春大聖師が昭和七年に霊感を得て書かれた言葉で、この神示の全文は『新編 聖光録』

又は『御守護神示集』に収録されている。（日本教文社刊）

＊誌友会＝生長の家の教えを学ぶ会。主に居住地域単位の日常的な集まり。

4　ありがたい国だ

個性がある

近ごろは日本に働きに来る外国人がふえてきた。中にはひそかに密入国する人もいて、不法滞在するものもかなりいるらしい。おとなしく滞在しているならまだしも、ドロボーしたりする人もいて、しかも集団で〝殺し〟までやられてはかなわないと思う。

しかし一口に外国人といっても、日本以外はみな外国だから、立派な外国も沢山あるし、能力のある外国人で、日本人に色いろと教えてくれる人も多い。ことに最近は、日本人を拉致《らち》して行って、日本語を教えてもらおうというケシカラヌ国（？）まで出て来たが、これは大変困ったことである。

しかしとにかく「何とかして日本に来たい」というのは、本国よりも日本の方が好ましいからであって、嫌な国にわざわざ来て長期滞在までしようという人はいないだろう。それだけ日本は〝ありがたい国〟であって、たとえドロボー志願者であっても、それだけこの〝ありがたい国〟では簡単にドロボーできると思うからに違いない。何しろ昔から日本家屋にはあまり頑丈な錠はかからなかった。突っかい棒ぐらいで玄関を閉めていたからである。

おまけに家の中に入ると、部屋と部屋との境はフスマや障子で仕切って、錠や鍵はどこにもない。その代り、表通りとの間には高い壁や垣根があって、しっかりと区別され、美しい通り道が形成されたりした。こんな日本の町並みが好いという人もいるが、外国のように壁や塀がなくて、庭が表通りに開放されている方が良いという人もいる。

だから日本式だけが良いというのではなく、そこには各国民の個性や歴史が刻み込まれているのだ。どの国もそれぞれ個性があり、それをお互いに尊重し合って、排斥したり、毛嫌《けぎら》いしたりしない豊かな心が大切だ。つまり深切(親切)な〝広い心〟の人が沢山いる国がありがたいのである。日本には、昔から深切な人が沢山いた。それが最近はちょっと少なくなっているということを心配する人もいるが、これも〝深切心〟から出てくる忠告であろう。

深切な人たち

平成十四年九月二十六日の『毎日新聞』には、東京都練馬区に住む墨野倉とみ子さん(79)というかたの、こんな投書がのっていた。

『主人の実家から帰京する時に電車に乗ったら込んでいたので、ドアのところに立っていました。すると、「お母さん」と呼ぶ声がし、見るとモヒカン刈りと茶髪と黒髪の3人連れの若い人が私を呼んでいて、腰掛けていた1人が立ち「どうぞ」と席を譲ってくれました。「おばあちゃん」と呼ばれてもおかしくない年なのに、思いやりがうれしくて、「ありがとう」と言う私に、にこにこして降りて行った後ろ姿に温かいものを感じました。

その後のことです。歩いていたら急にヒザが痛み病院で注射したのですが、どうしても歩けなくなり廊下に立ちつくしていました。すると、女の子を連れた男の方が私に近づいて肩を貸してくれ、椅子のところまで連れて行ってくださり、書類を提出して来てくれました。「家へ連絡したい」と言いましたら電話のところまで連れて行ってくれて椅子を運んでくれました。そして、立ち去りました。

ありがたさで胸が熱くなり、世の中にこんな人たちがいる幸せを感じました。』

あるいは又日本には新聞配達をしてくれる人がいて、毎朝家の門まで運んでくれているが、そんなことをしてくれない国も沢山ある。平成十四年十月七日の『産経新聞』にはこの配達さんについてのエッセーコンテストの〝最優秀作〟というのがのっていた。茨城県岩井市の国島久美子さんのものだ。

『あのころ、私は毎日おちこんでいた。子供の小学校入学と同時に主人の単身赴任が決まり、結婚十年目にして初めての二重生活が始まったのである。

私の不安が直に伝わったのだろう。娘の小さな心も動揺していたのだと思う。日ごとに笑顔が少なくなっていった。家の中が暗～い雰囲気になっていった。

そんなある日、庭で草取りをしていると、前の道路を一台のバイクが通りすぎていった。

何げなく隣にいる娘を見て私はびっくりしてしまった。大まじめな顔で敬礼をしていたのである。そして新聞配達のおじさんも、同じく敬礼をして大まじめな顔で通りすぎていった。

一瞬のでき事だった。あの時の娘の誇らしげな、晴れがましい顔といったら…。私は大声を出して笑っていた。もうしばらく忘れていた心からの笑いだった。娘が「ママが笑った、ママが笑った」と、弟と一緒に踊っている。
「あの新聞配達のおじさん、会うといつもやってくれるんだよ」と言う。元気のない娘のことを気にとめてくれたのだろうか。新聞だけでなくわが家に笑顔を届けてくれたのである。

あれから五年、生活はすべてふつうに戻った。名前も知らないあの新聞配達の方に、本当にあの時はありがとうございました、と私も敬礼してみたい。』

ありがたい人は、いくらでもいるものだ。けれども悪いことをする人もいないわけではない。それは自分自身の中にある〝良心〟つまり「本当の心」「神の心」を認めていないからに違いない。認めたら、そしてその「本心」に従ったら、どうしても「本心」の言いつけに従いたくなり、ゆたかでのびのびとした心境になるものである。

中心者の姿

すると排他的でもなくなるし、自分の国以外の国の人々のことも応援したくなるものだ。平成十四年の六月にサッカーのワールドカップが日本と韓国とで開かれたが、その時のこと。日韓両国チームは見事に一次リーグを突破したが、その後は日本は負け、韓国は準決勝まで進んだ。しかし日本は負けても、相手チームに拍手を送った。そして、

『（前略）外国チーム同士の試合でも、その国のユニホーム姿で、来日サポーターと応援した人たちがいた。欧州もアフリカもアジアも、温かくもてなした。サッカー先進国にもないスタイルであり、かの国の記者らは、半ばあきれ、一方で感心し、称賛もしている。

このある種のいいかげんさ、鷹揚さ、融通無碍《むげ》は、昔からある日本の特質かもしれない。悪くすると誰も責任をとらずにうやむやにするナアナア主義につながる。先の大戦後の身の処し方、バブル崩壊後の右往左往は見苦しいし、受け流すわけにはいかないだろう。

しかし国際化時代のスポーツや文化においては、むしろ好ましいのではないか。寛容で、偏狭な民族主義を超えた新しいスタイルはなかなかに魅力的であり、世界をリードするものになるかもしれない。若い選手もサポーターもすでに世界を肌で知っている。W杯は新しい時代の世界の中の日本の可能性を示したようにも思う。』

と平成十四年九月八日の『毎日新聞』は書いた。このような日本の心は「大和精神」のあらわれであり、「大和《やまと》」という国号にも示されている。戦艦にも「大和」とついていた。この心は古代から現代にまで継続しているのである。そしてこれは又天皇陛下という日本国の中心者が、百二十五代の今上陛下と一貫して続いておられることも、諸外国に例のない素晴らしい事である。

しかも歴代の天皇陛下は、主として祭事《まつりごと》を司る最高の祭司者であり、政治のことは臣下にまかせられた。中には女帝の方もかなりおられた。これも〝男尊女尊〟の心を現されたもので、男女の基本的平等性を国としても表現されたものである。そして祭事は神をお祭りすることであるから、神のみ心を最高の国家の指針とするということだ。つまり、将来の国際政治のあり方を示す国なのである。

そしてこの「大和精神」は、決して全ての競争や競走を排斥するものではない。それをあやまって、無競争（走）のナアナア主義で、形だけの「皆同じ」という教育が行われると、ちっとも「無限力」という「神の子」らしさが出て来なくなる。そこで平成十四年十月十日の『産経新聞』には、沖縄県糸満市の上江田清実さんの次のような投書がのったようだ。

『最近、日本の小学校の運動会では徒競走がすべて接戦になるという。

理由を聞くと「同じ程度のタイムを持つ児童同士を走らせる」とか。これはまだいい方で、徒競走のない学校や評価がない学校も増えている。

勝ち負けをつけない教育である。大人の社会も同じで、競争力を排除して企業は同業他社との「横並び」ばかり気にする。国債の格付けを低くされても、政府は「遺憾」と言うだけで「上げてみせる」とは発言しない。

そんな国で育った若者に「絶対勝ちたい」という気持ちが足りなくなるのは当然で、国の代表選手に闘争心を求めても難しい。

野球の野茂英雄、イチロー、サッカーの中田英寿、ゴルフの丸山茂樹など国際舞台で評価されているスポーツ選手は、みんな日本を飛び出している。

競争力の高い環境に活躍の場を求め、厳しい挑戦を続けた人が、才能をさらに開花させている。日本では無理だと思う。』

美しい景色・地球

向う三軒両隣《りょうどなり》の人と同じ生活をし、同じ服装をし、同じ学校へ行き、同じお化粧をし、同じような眉のかっこうにする――というのでは、そんな国は決して「すばらしい国」でも「ありがたい国」でもないだろう。今はまだそこまでダラクしていない。そうなるのが〝平等社会〟でも何でもないということを、知っている人たちが沢山いる「ありがたい国」だからである。

そんな日本には、外国人もどんどんやって来て、土地や時節によって様ざまに移り変る「美しい景色」を見物する。そして春夏秋冬と移り変る日本の山河を楽しんでくれるのだ。そのような変化の多い風景も、またわが国の特徴であり、ありがたい姿である。そんな国だと、外国からも留学生が来て、いろいろと学んでくれる。例えば平成十四年十月十日の『読売新聞』には、日本語学校生の金美英さん（22）という東京都中野区に住む留学生が、こんな投書をしておられた。

『韓国から日本に来て一年半になる。だが日本人の友達は少ない。なぜかというと、日本語学校なのでクラスメートはみんな外国人だし、今までのアルバイト先も韓国人のお店だったからだ。

日本のお店の前に「バイト募集」と書いてあっても、電話して聞いてみると、「外国人はちょっと無理ですね」と言われることが多い。「外国人不可」と書いてある店はましだと思う。日本には外国人も住んでいることを忘れていないからだ。

今の日本は、日本人だけが暮らしている国ではない。いろいろな国の人がいて、本当に今の世界は狭いと感じられるようになった。それなのに、外国人は日本人を深く理解する機会に恵まれていない。
最近は大学に入るための準備をしているが、早くその日が来て日本人と一緒に勉強しながら、日本についてもっと知りたいと思っている。』
この「外国人はダメ」とか「ムリ」と考えるのは、外国人にもいろいろあるということを忘れているからだ。世界は広いのだ。日本人にもいろいろいて、考え方の立派な人も、偉い人も、あんまり偉くはないが、むやみに威張りたがる人もいるし、ごく素朴な「当り前」のくらしを好む人もいる。

今世界は地球の温暖化によって海水がふえて水びたしになり、住めなくなる国も出て来そうだと言われている。これは人々が森や林を伐《き》り開いて、畑や宅地にしたりして、その上石油や石炭をどんどん燃やして、排気ガスを出しすぎたからだ。するると地球がスッポリとビニール・ハウスのようになり、内部の温度が上がってきて、雪や氷がとけて海面が上昇する。そして小さな島国は水びたしになって住めなくなるのである。

わが国もこうなっては大変だが、そうなる国もでてくるのだ。「外国だから、まあいいや」と放っておくような、自分勝手な国になってはいけない。だからゴミやカンカラを棄てたりものを燃やして平気でいてはいけない。なるべく排気ガスを少なくしよう。一番少ないのは、足で歩いたり、自転車をこいだりすることだが……
とにかく物を大切にするのだ。それらを棄てると、木材や金属がムダになる。金属製品はそれを作るのに多くの資源を使い、その製造のために沢山のエネルギーを燃やしたり使ったりしている。だから何でも古くなったらポイと捨てることをやめ、大切に使おうではないか。そんな物を大切にする心が、本当の「大和心《やまとごころ》」であり、「神の子・人間」としての当り前の生き方なのである。ケチなのではありません。

神性を引き出すために〈完〉

神性《しんせい》を引《ひ》き出《だ》すために

平成一五年九月二五日　初版発行
平成二八年一月二〇日　再版発行

著　者　谷口清超（たにぐち　せいちょう）〈検印省略〉

発行者　岸　重人
発行所　株式会社　日本教文社
東京都港区赤坂九―六―四四　〒一〇七―八六七四
電話　〇三（三四〇一）九一一一（代表）
〇三（三四〇一）九一一四（編集）
FAX〇三（三四〇一）九一一八（編集）
〇三（三四〇一）九一三九（営業）

頒布所　一般財団法人　世界聖典普及協会
東京都港区赤坂九―六―三三　〒一〇七―八六九一
電話　〇三（三四〇三）一五〇一（代表）
振替　〇〇一一〇―七―一二〇五四九

組　版　レディバード
印　刷　東港出版印刷株式会社
製　本　牧製本印刷株式会社

定価はカバーに表示してあります。落丁・乱丁本はお取り替えいたします。

ISBN978-4-531-05231-8

本書の本文用紙は、地球環境に優しい「無塩素漂白パルプ」を使用しています。